ANECDOTES

HISTORIQUES,

MILITAIRES ET POLITIQUES

DE L'EUROPE.

TOME PREMIER.

ANECDOTES
HISTORIQUES,
MILITAIRES
ET POLITIQUES
DE L'EUROPE,

DEPUIS L'ÉLÉVATION DE CHARLES-QUINT au Thrône de l'Empire, jusqu'au Traité d'Aix-la-Chapelle en 1748.

TOME PREMIER.

Par M. l'Abbé RAYNAL*, de l'Académie des Sciences & Belles - Lettres de Prusse.*

A AMSTERDAM,

Chez ARKSLÉE & MERKUS.

M. DCC. LIII.

AVERTISSEMENT DE L'AUTEUR.

JE publie le commencement d'un Ouvrage considérable. La suite ne tardera pas à paroître, si le Public juge que je me suis assez corrigé des défauts qu'il a trouvés dans mon Histoire du Stadhouderat, & dans celle du Parlement d'Angleterre , pour mériter d'être lû.

Toutes les Histoires deviennent intéressantes sous la plume d'un homme de génie. Pour moi dont les talens sont si bornés, j'ai senti que j'avois besoin d'être soutenu par l'agrément du sujet & la curiosité du Lecteur. Cette réflexion m'a déterminé à ne pas remonter à des tems trop

AVERTISSEMENT

reculés. La concurrence des Maifons d'Autriche & de Bourbon, qu'on peut regarder comme le grand mobile de tous les mouvemens qui ont agité l'Europe depuis deux fiecles, m'a paru une époque remarquable à laquelle je devois me fixer.

Mon projet n'eft pas de recueillir tout ce qu'on trouve épars dans les Annales des Nations. J'y choifirai feulement les évenemens qui me paroîtront dignes d'intéreffer la poftérité, & je les traiterai féparément pour en augmenter la clarté & l'intérêt. Si je fuis fidele à mon plan, je ne m'appefentirai pas fur les détails, & je ferai les plus grands efforts pour démêler les véritables caufes de ce que je raconterai.

Le titre que je donne à mon Ouvrage ne fera pas auffi bien

rempli dans les premiers Volumes que dans ceux qui les fuivront. On verra les faits anecdotes fe multiplier à mefure que je me rapprocherai des derniers tems. Le Lecteur peut s'affûrer que l'envie d'écrire des chofes fingulieres ne m'en fera jamais hafarder de fauffes ni même de douteufes.

La fuite de mon travail me forcera quelquefois à remanier des morceaux importans traités déja avec fuccès par de grands Ecrivains. Je fens tout le danger d'une entreprife auffi hardie; & les gens les plus chagrins ne penferont fur cela rien de fi humiliant pour moi que je ne me fois dit moi-même. Cependant tout bien confidéré, il m'a paru que je devois facrifier mes répugnances à l'avantage de don-

AVERTISSEMENT.

ner un Ouvrage complet.

On trouvera dans la Conjura-
tion qui finit le second Volume,
deux harangues ; elles font fi longues dans tous les Hiftoriens qui
ont parlé de cet évenement,
qu'on ne peut s'empêcher de de-
firer qu'elles foient plus courtes,
& fi différemment rapporrées ;
qu'il m'a paru qu'il devoit être
permis de les abréger.

*Ce premier Volume ayant été impri-
mé dans l'abfence de l'Auteur, il s'y
eft gliffe quelques fautes d'impreffion,
dont le Lecteur doit être averti.*

ERRATA.

Page 17, ligne 16, ce fleau, *lifez*, le
fleau.

Page 18, ligne 13, après Prince un point.

Page 20, ligne 6, après Ferdinand un point.
Idem, réflexions, *lifez*, réflexion.

Page 25, ligne 16, après Efpagne un point.

Page 26, ligne 9, mettez un point après facile.

Page 28, ligne 11, Tordevillas, *lifez*, Tor-
defillas.

Page 31, ligne 4, ou a attifer, *effacez* ou.

Page 34, ligne pénultiéme, moyen, *lifez*,
moyens.

Page 37, ligne 17, les difpofitions, *lifez*, ces.

Page 43, ligne 17, apeler, *lifez*, rapeler.

Page 44, ligne 5, en fournit, *lifez*, leur en
fournit.

Page 45, ligne 15, des Arragonois, *lifez*, de
l'Arragon.

Page 49, ligne 4, Lofcun, *lifez*, Lefcun.

Page 50, ligne 19, le Duc de Navarro, *lifez*,
Najarre.

Page 57, ligne 16, après victoire, *mettez* un
point.

Page 74, ligne 9, Romagno, *lifez*, Roma-
gnano.
Page 112, ligne 17, fe voyant, *lif.* fe croyant.
Page 115, ligne 12, autorité, *lifez*, activité.
Page 119, ligne 15, d'autre côté, *lifez*, de
l'autre.
Page 120, ligne 14, ce bien, *lifez*, le bien.
Page 125, ligne 7, dernieres, *lif.* derrieres.
Page 127, ligne 3, graveloné, *lifez*, grava-
loné.
Page 135, ligne 21, redoutable, *lifez*, redou-
tables.
Page 136, ligne 11, Svitznin, *lif.* Sintzim.
Page 137, ligne 3, aucun des François, *lifez*,
aucun François.
Page 140, ligne 15, fondées, *lifez*, fondés.
Page 142, ligne derniere, auroit, *lif.* avoit.
Page 143, ligne 11, caufa, *lifez*, caufoit.
Page 152, lig. 21, & il l'avoit prévu, *effacez* &.
Page 165, ligne 3, les, *lifez*, leurs.
Page 167, ligne 5, fes fubalternes, *lifez*, les
fubalternes.
Page 185, ligne 2, du Guart, *lifez*, du Guaft.
Page 188, ligne 6, Salupes, *lifez*, Saluffes.
Idem, ligne 18, faxio, *lifez*, fuxio.
Page 212, ligne 14, Scalenge, *lifez*, Scalan-
ghe.
Page 213, ligne 3, fixieme, *lifez*, feizieme.
Page 224, ligne 16, l'Avocat Cappel, *lifez*,
l'Avocat Général Cappel.

TABLE

DES ÉPOQUES CONTENUES
dans ce premier Volume.

Fin de la Table des Époques du premier Volume.

ANECDOTES

ANECDOTES

HISTORIQUES,

MILITAIRES ET POLITIQUES,

DE L'EUROPE,

DEPUIS L'ÉLÉVATION

de CHARLES - QUINT au Trône de l'Empire, jusqu'au Traité d'Aix-la-Chapelle en 1748.

Charles-Quint est élu Empereur le 28 Juin 1519.

MAXIMILIEN Premier, pressé par son ambition & par ses Courtisans, de prendre des mesures pour assûrer la grandeur de sa Maison, pensa sérieusement à faire tomber la Couronne Impé-

Tome I.   * A

riale fur la tête du plus jeune de fes petits-fils. Il aimoit mieux laiffer fes Etats & fa dignité à Ferdinand qu'à Charles, déja maître des Efpagnes, pour former deux branches, dont l'une au moins triompheroit du tems, & porteroit fon nom à la poftérité la plus reculée.

Le Cardinal de Sion, qui, après avoir boulverfé une partie de l'Europe, avoit porté fon inquiétude à la Cour de Maximilien, pénétra ce deffein, ou on le lui confia. Ce Prélat avoit juré une haine violente & implacable à la France. Les intérêts d'une paffion qui avoit fait autrefois fa fortune, & qui faifoit actuellement fa grandeur, étoient trop bleffé, par l'arrangement de l'Empereur, pour qu'il ne cherchât pas à le faire changer. Dans le deffein où étoit ce Miniftre d'accabler les François, il jugeoit effentiel de réunir toutes les forces de la Maifon d'Autriche, & il l'entreprit. Le talent de perfuader qu'il

avoit supérieurement, fortifia ses rai-
sonnemens. Maximilien adopta les vûes
qu'on lui présentoit ; & il est assez vrais-
semblable que s'il n'eût été traversé par
la Cour de Rome, il auroit réussi à
élever le Roi d'Espagne à la dignité de
Roi des Romains.

La mort de l'Empereur ne détruisît
pas les espérances de Charles ; mais
elle en fit concevoir à François I. Ces
deux Monarques aspirerent ouvertement
au Thrône de l'Empire, & ils avoient
l'un & l'autre tout ce qu'il falloit pour
y être élevés : des amis, de l'argent,
de vastes Etats, de bons Négociateurs,
& des armées aguerries. Comme il y
avoit apparence que celui qui sauroit le
mieux profiter de ces avantages l'em-
porteroit sur son Concurrent, les deux
Rivaux parurent fort attentifs à leurs
intérêts. Ils travaillerent d'abord assez
inutilement à se rendre favorables les
différentes puissances de l'Europe : elles

parurent toutes plus portées à traverser qu'à favoriser leurs prétentions.

Le Pape craignoit également deux Maisons, dont l'une possédoit le Royaume de Naples, & l'autre le Milanois. Il leur supposoit assez d'ambition pour faire valoir les droits qu'elles acquerroient sur le domaine de l'Eglise, ou trop de raison au moins pour ne pas borner le cours de ses usurpations. Cependant parce qu'il eut été dangereux de laisser éclater ces secrets sentimens, l'adroit Pontife en déroba la connoissance aux plus éclairés. Mais aussi-tôt qu'il jugea que le caractere de François I. feroit trouver à ce Prince des obstacles insurmontables, il parut favoriser des vûes dont il ne craignoit plus le succès. Leon se flattoit que par cette complaisance inutile, il pourroit engager François à appuyer dans la suite le Candidat que la Cour de Rome préféreroit.

Venise, convaincue que l'élection ne pouvoit manquer de tomber sur l'un des deux Rois, faisoit des vœux & hasardoit quelques démarches pour François I. Elle redoutoit moins l'ambition de ce Monarque que les anciennes prétentions de la Maison d'Autriche sur plusieurs possessions de la République.

Les Suisses qui influoient plus alors qu'ils n'ont fait depuis dans les affaires générales, étoient extrêmement allarmés. L'indifférence apparente de leurs anciens Maîtres, & les caresses trop empressées de leurs nouveaux Alliés leur paroissoient presque également dangereuses. Ils n'oublierent rien pour écarter les deux Concurrens du Thrône de l'Empire, sous prétexte de ne pas laisser opprimer la liberté Germanique : mais ils se déclarerent plus vivement contre la France, dont les forces leur inspiroient plus de terreur, & le voisinage plus de défiance.

Le Roi d'Angleterre ayant tenté inutilement de former un parti pour lui, se vit réduit à faire dans cette grande scene un personnage moins considérable. Son goût particulier l'auroit peut-être fait pencher vers François I. : mais la raison d'état se déclaroit pour Charles. Son inclination & sa politique se trouvant en contradiction, il résolut de tenir la balance égale entre les deux Concurrens. Toute son ambition se borna à n'être pas regardé comme un spectateur oisif, & à paroître avoir eu quelque part à l'élection.

Tandis que les Rois de France & d'Espagne remplissoient l'Europe entiere de leurs intrigues, leurs Ministres semoient en Allemagne les soupçons & la jalousie dans tous les cœurs. L'Empire se trouvoit partagé.

Le Roi de Boheme, beau-frere de Charles, se déclaroit hautement pour lui. Quoique les injustices de Maximilien l'eussent indisposé personnellement contre la Maison d'Autriche ; il ne pouvoit, sans beaucoup hasarder ses Etats de Hongrie, manquer dans une occasion essentielle au seul Prince qui fut en état de les protéger.

Le Cardinal Albert, Archevêque de Mayence, se flatta quelque-tems qu'il réussiroit à élever l'Electeur de Brandebourg son frere à l'Empire. Dès qu'il eut été désabusé de cette chimere, il se fixa à ce principe : qu'aucun Prince d'Allemagne n'étoit assez puissant pour la préserver de l'invasion des Turcs ; que le Roi de France étoit en état de l'accabler ; qu'il n'y avoit que le Roi d'Espagne, dont les forces fussent assez considérables pour la défendre, & trop dispersées ou trop éloignées pour l'asservir.

L'Electeur de Saxe avoit pour la Maison d'Autriche un penchant secret qu'il n'avoüoit pas, & qu'il se dissimuloit peut-être à lui-même. Ce sentiment lui fermoit les yeux fur le péril où fe trouveroit l'Empire, de devenir héréditaire par l'élevation de Charles. Il paroiſſoit convaincu, & il y a apparence qu'il l'étoit, que François I. ne souffriroit jamais que son Rival mît l'Allemagne dans les fers, & que ce Prince feroit toûjours en état de l'en empêcher.

L'Archevêque de Treves étoit auſſi charmé de la franchiſe noble, hardie, & généreuſe de François I. que révolté par le caractere myſtérieux, diſſimulé, & ſoupçonneux qu'il entrevoyoit dans Charles. Cette idée vraie ou fauſſe, faifoit toute la baſe de ſa politique : il ne prenoit pas ſeulement la peine de diſſimuler le goût qu'il avoit pour l'un, ni la répugnance qu'il ſe ſentoit pour l'autre.

Le Marquis de Brandebourg avoit reçu de l'Electeur de Mayence ſon frere,

des impreſſions d'ambition qui durerent peu. Ses Confidens lui firent appercevoir que les Eſpagnols ne le leur-
roient des ſuffrages dont ils étoient les
maîtres, que pour s'aſſurer le ſien. On
ignore ſi cette fineſſe lui déplût, ou s'il
fût entraîné par quelque autre cauſe.
Mais il ſe laiſſa aiſément perſuader par
le Nonce Robert Urſin, qui appuyoit
les intérêts de la France avec plus de
chaleur, d'éclat & de vérité, que ſes
inſtructions ne le permettoient.

Le Comte Palatin paroiſſoit médiocrement occupé de tout ce qui rem-
pliſſoit l'Empire d'allarmes. Il ne fût
tiré de cette indifférence, que par les
ſommes conſidérables qu'on lui fit toucher. De tous les ſuffrages que ſe ména-
gea la France, ce fût celui qui fut le
plus cherement acheté & le plus ſincé-
rement vendu.

L'Electeur de Cologne pouvoit paroître impénétrable au commun des

hommes, & n'étoit qu'incertain pour des yeux éclairés. Il vouloit en général, le bonheur & la gloire de l'Empire, mais il ignoroit le moyen de les procurer. En attendant un dénoûment quel qu'il fût du tems & des circonstances, il se bornoit à gémir sur les maux qu'il craignoit pour sa Patrie, & à faire des vœux pour sa liberté.

Le tableau que nous venons de tracer, frappa, quoiqu'un peu tard, le College Electoral. Ses Membres ne virent d'autre jour pour faire cesser les divisions qu'avoit excité l'ambition des deux Concurrens, que de jetter les yeux sur un autre Prince. On le chercha long-tems inutilement.

Louis, Roi de Hongrie & de Boheme, étoit encore enfant, & paroissoit le devoir toujours être. Sigismond Roi de Pologne, avoit cessé d'être un Grand-homme, & ne montroit plus de goût que pour le repos. Christierne Roi de

Dannemarc & de Suede, étoit un monſtre alteré de ſang, ſouillé de forfaits. Henri, Roi d'Angleterre, ne pouvoit pas ſe fixer en Allemagne ſans haſarder ſa Couronne héreditaire, ni préférer le ſejour de ſes Etats, ſans bleſſer la dignité de l'Empire. Quelqu'un nomma l'Electeur de Saxe, & tous les vœux ſe tournerent auſſitôt vers lui. On auroit voulu ce ſemble avoir plus d'une voix à lui offrir, pour le dédommager de l'eſpéce d'affront, qu'on croyoit lui avoir fait, en paroiſſant incertain du choix qu'on avoit à faire.

Frederic paroiſſoit né pour le rolle qu'on lui propoſoit. Il ſe diſtinguoit dans les cérémonies par un air fort noble; dans les Diettes, par une pénétration ſinguliere; dans les combats, par une valeur héroïque; dans les affaires, par une probité incorruptible; dans toutes les ſituations, par une dextérité pleine de candeur, qui lui avoit mérité le furnom de fage. Tant de belles qualités recevoient un nouvel éclat des manieres obligeantes qui lui gagnoient les cœurs, & d'une modération réelle, qui excluoit jufqu'aux apparences, aux foupçons même de l'ambition.

Les mêmes vertus qui avoient déterminé les Princes Allemans, à appeller l'Electeur de Saxe au Thrône, lui donnerent la force de le refufer. Et comme c'étoit la raifon & non la vanité qui lui infpiroit cette démarche; les moyens qu'on employa pour combattre fa repugnance, ne firent qu'affermir fa réfolution. Un défintéreffement fi généreux fut honoré à l'inftant d'un hommage, qui rapprochoit beaucoup ceux qui avoient offert la Couronne, du Sage qui ne l'avoit pas acceptée: on pouffa la confiance pour ce Prince, jufqu'à lui demander, quel Chef il jugeoit qu'il falloit donner au Corps Germanique.

Frederic nomma fans balancer le Roi

d'Espagne, & son suffrage entraîna les autres. L'Archevêque de Cologne se joignit à lui pour éviter la honte, & le blâme d'un mauvais choix ; l'Archevêque de Mayence par sistème de gouvernement & de politique ; le Roi de Boheme, pour trouver dans Charles un appui contre Soliman ; le Comte Palatin, par la crainte d'une armée Espagnole campée dans son voisinage ; le Marquis de Brandebourg, pour ne pas se rendre odieux à sa Nation ; l'Electeur de Treves, enfin, pour ne pas faire de schisme dans l'Empire.

L'Election de Charles-Quint mettoit la liberté publique dans un trop grand danger, pour qu'on n'imaginât pas de prendre des précautions contre les usurpations qui la pourroient suivre. Les Empereurs avoient seulement juré jusqu'alors, qu'ils feroient un bon usage de leur autorité. Cette précaution pouvoit être suffisante avec des Princes Alle-

mans, qui connoiſſoient les conſtitu-
tutions de l'Empire, & qui étoient accoûtumés à la forme de ſon Gouvernement. Un Etranger devoit inſpirer plus
de défiance. On avoit à craindre, ou
qu'il ne feignit d'ignorer les Loix pour
les violer avec plus d'audace, ou qu'il
n'entreprit ſans détour d'étendre une
autorité qui lui paroîtroit trop limitée.
Pour prévenir ces deux inconveniens,
on fit un écrit qui regloit les droits reſ-
pectifs du Chef & des Membres du corps
Germanique. Cette capitulation a été
la baſe de toutes celles qui ont été ju-
rées depuis par les Empereurs : elle ſert
encore aujourd'hui de Loi fondamen-
tale à l'Empire, auſſi bien que la Bulle
d'Or.

Quand on développe un peu les reſ-
ſorts qui préparerent ce grand évenement, on trouve, qu'il fut moins l'ouvrage de la ſageſſe de Charles-Quint,
que de l'imprudence de ſon rival. Fran-

çois I. qui préféroit un Favori à un Sujet utile, confia la Négociation la plus
difficile de fon regne à un homme,
que fans imprudence, on n'auroit pas pû
charger de la plus aifée. Bonnivet
avoit beaucoup d'efprit, mais peu de
jugement ; il parloit bien, mais il rai-
fonnoit mal ; il fouhaitoit paffioné-
ment la gloire de fon Maître, mais il
étoit trop inconfideré pour la procurer.
Son imprudence lui faifoit perdre les
amis que fon affabilité lui avoit acquis.
Quoiqu'il connut les intrigues de Cour,
il ignoroit tout-à-fait les détours de la
politique. Sa préfomption l'empêchoit
de demander des Confeils, & fa vanité,
de profiter de ceux qu'on lui offroit.
Pour avoir le plaifir de donner en particulier généreux, il fe privoit de l'avantage de répandre à propos en Miniftre
habile. La lenteur Allemande & le
flegme Efpagnol déconcertoient dans
les affaires fon génie ardent & préci-

pité. Il lui manqua tout-à-fait la connoissance des esprits qu'il devoit manier,
des intérêts qu'il devoit concilier, des
manœuvres qu'il devoit traverser. Bonnivet n'étoit qu'un Courtisan délié, &
sa Commission auroit demandé un Négociateur consommé.

Il est vrai, qu'on comptoit beaucoup
plus sur ce Ministre pour l'éclat de
l'Ambassade que pour le succès de la
Négociation. Deux hommes très-ha-
biles, Robert de la Mark Duc de
Bouillon, & l'Evêque de Liege son frere, qui avoient fait naître à François I.
la pensée d'aspirer au Thrône de l'Empire, s'étoient chargés de lui en appla-
nir le chemin. Ils auroient suppléé à ce
qui manquoit à Bonnivet du côté de
l'habileté & de la prudence, si on n'a-
voit fait la faute de les aliéner. L'affront qu'on fit au premier, en cassant sa
Compagnie de cent hommes d'armes,
& au second, en faisant tomber sur une
autre

autre tête un Chapeau de Cardinal qu'il avoit mérité, & qui lui avoit été promis, les détacherent tous deux des intérêts de la France. Ils réuffirent comme ils le fouhaitoient, à fe faire regretter du parti qu'ils avoient quitté, & à juftifier l'empreffement de celui qu'ils prenoient : Le malheur de François, & l'élévation de Charles furent prefque leur ouvrage.

Il reftoit à la France un moyen, en quelque maniere infaillible d'arrêter le cours de leurs intrigues, c'étoit de prendre à fa folde les troupes de Souabe. Ce cercle, s'étoit vû réduit à faire la guerre à Ulric Duc de Wirtemberg, ce fleau des peuples dont il devoit être le pere. Dès que ce Tiran eût été mis hors d'état de continuer fes cruautés & fes injuftices, les troupes auroient dû être congediées, mais l'intérêt des Généraux s'y oppofa : ils chercherent un Prince affez riche pour payer leurs fer-

vices, & qui se trouvât dans une situation à en avoir besoin. Soit que François I. crût pouvoir s'en passer, soit
qu'il craignît d'offenser l'Empire, il rejetta leurs offres. Son Rival plus éclairé ou moins généreux que lui les ac-
cepta ; & l'épée de ses soldats donna
une grande force aux raisons de ses négociations.

C'est encore un problême parmi les
Politiques ; si l'élevation de Charles-
Quint à l'Empire fut plus avantageux
que funeste à ce Prince, on ne sçauroit
nier, que cette dignité n'ait donné à
son regne un éclat qu'il n'auroit point
eu sans elle ; & cet avantage est toûjours précieux pour un Souverain. Il
se peut pourtant, comme des hommes
profonds dans les intérêts de l'Europe l'ont conjecturé, que ces honneurs ayent été trop cherement achetés.
Ils prétendent que les affaires de l'Empire détournerent souvent Charles

des siennes propres , & que les guerres civiles , qui agiterent l'Allemagne
durant son regne , lui emporterent un
tems & des soins qui auroient été plus
utilement employés à poursuivre ses
avantages contre le Turc ou contre la
France.

Quoiqu'il en soit , il est sûr que
Charles avoit été plus empressé à ac-
quérir le titre d'Empereur , qu'il ne
parût flatté de le porter. Dans toutes
les lettres qu'il écrivoit , à moins que
ce ne fût en Allemagne , il signoit toûjours Y'o el Rey , pour montrer , à
ce que nous croyons , qu'il faisoit plus
de cas de sa Couronne d'Espagne , que
de sa qualité de Chef du Corps Germanique.

GUERRES CIVILES
D'Espagne.

En 1520 & 1521.

CHARLES-QUINT étoit à peine parti, pour aller prendre possession de la Couronne Imperiale, qu'il s'éleva en Espagne un orage affreux, qui s'y formoit insensiblement, depuis la mort de Ferdinand ; c'étoit dans les dispositions des peuples, & non comme il arrive le plus souvent dans la foiblesse où la tirannie du nouveau Roi, que ces troubles avoient pris leur source. La Nation qui venoit de perdre un grand Homme, trouvoit le germe d'un grand Homme dans son successeur.

Si Ferdinand s'étoit distingué par un esprit de pénétration & de réflexions ; Charles, d'un génie ardent & infatigable promettoit plus de vivacité dans l'action. L'ayeul n'avoit point eu peut-être d'égal dans l'art de prévoir les évenemens. Le petit-fils eût peu de Superieurs, dans le talent de profiter des occasions qui se présentoient. L'un s'assuroit du succès avant l'entreprise, l'autre étoit inépuisable en ressources dans l'entreprise même. Le regne du premier fut plus utile à l'Etat qu'honorable pour le Souverain; celui du second tourna moins à l'avantage des sujets qu'à la gloire du Monarque : celui-là conquit beaucoup par ses Lieutenans, & conserva ce qu'il avoit pris ; celui-ci ne put retenir que la moindre partie de ses conquêtes, quoiqu'il les eût faites la plûpart lui-même. Ferdinand conçut le projet de la Monarchie universelle, & Charles mérita de partager la gloire d'une belle idée qu'il poussa fort loin, ou la honte d'avoir couru après une brillante chimere.

Soit que les talens du jeune Prince, né & élevé dans les Pays-Bas, n'eussent pas encore assez excité d'admiration, soit qu'ils eussent inspiré trop de défiance, les Espagnols parurent peu disposés à le reconnoître pour Roi à la mort de Ferdinand son ayeul. Ils prétendoient que la folie de la Reine Jeanne sa mere ne lui donnoit de droit réel qu'au gouvernement de l'Etat, & ne lui en donnoit pas même d'apparent au Thrône. Ces principes allarmoient vivement l'Archiduc, qui avoit crû toucher à la couronne, & qui se voyoit en danger d'en être encore long-tems éloigné. Des intrigues heureuses & bien conduites, dissiperent pourtant ce nuage, qui s'étoit formé en Castille. L'Arragon eût moins de complaisance ou de politique, & n'accorda le titre de Roi au fils, qu'à la mort de la Reine Mere.

Cette diversité dans les procédés de

deux Nations qui formoient encore
deux peuples, ne mît point de diffé-
rence dans leur foumiffion. Quelques
légers commencemens d'aigreur, de
jaloufie & de divifion qui s'éleverent
entre le Prince & les Sujets, firent
craindre à la vérité des mouvemens
dans l'Etat : mais Ximenés, à qui
Charles encore abfent avoit confié
toute fa puiffance, vint à bout, fans
changer les cœurs, de maintenir l'ordre.

Ce Miniftre eût éminemment les
mœurs de fa nation, & remplit dans
toute fon étendue l'idée qu'on fe forme
ordinairement du caractere Efpagnol.
Politique fublime, il n'imaginoit jamais rien que de grand ; & les moyens
qu'il employoit pour réuffir, porterent
ainfi que les deffeins qu'il formoit l'em-
preinte de fon génie. L'injuftice, quelque part qu'elle fe trouvât lui faifoit
horreur ; & fon courage à la reprimer

égaloit fa pénétration à la connoître.
Sa prudence à tout prévoir, à tout ar-
ranger, à remédier à tout, étoit prefque
incroyable : il fut l'ame du confeil d'Efpagne, qui étoit le plus rafiné de toute
l'Europe. Les contre-tems, capables
d'ébranler les plus grands courages,
l'affermiffoient dans une entreprife : par
cette fermeté, il parvenoit en quelque maniere à maîtrifer les évenemens,
& à faire réuffir des affaires, que tout
autre que lui auroit jugées impoffibles.
On blâma avec juftice la lenteur de fes
délibérations ; mais il regagnoit par la
promptitude de l'exécution, le tems
qu'il avoit employé à délibérer. Comme il n'entroit ni mauvaife foi, ni légereté dans fa politique, on traitoit avec
lui fans danger : il ne trahiffoit jamais
les paroles qu'il avoit données, ni n'en
perdoit le fouvenir qu'après y avoir
fatisfait. Il eût le mérite le plus effentiel à tous ceux qui gouvernent des

Empires, une espece de paſſion pour les talens & pour les vertus. Il recompenſoit les hommes d'Etat par de grandes places, les Sçavans par des largeſſes, les gens de bien par des éloges, il ajoûtoit pour tous la conſidération. L'éclat de tant de qualités brillantes fut un peu terni par quelques défauts : ce Prélat fut fier, dur, opiniâtre, ambitieux, & d'une mélancolie ſi profonde, qu'il étoit preſque toûjours inſuportable dans la ſociété, & aſſez ſouvent à charge à lui-même.

La mort de ce grand homme ſuivit de trop près pour le bonheur des peuples l'arrivée de Charles en Eſpagne ; les Flamans dont il avoit ſi ſagement conſeillé l'éloignement, s'emparerent de toute l'autorité. Leur joug parût humiliant & dur à une nation fiere & généreuſe, qui ſe promit bien de n'en porter le poids que juſqu'à ce qu'elle trouvât l'occaſion de le ſecouer. L'élevation du Roi à l'Empire, & son départ pour l'Allemagne la fournirent malheureusement trop tôt. La Cour avoit manqué de lumieres, si elle n'avoit pas pénétré la disposition des esprits; ou elle manqua de sagesse, en ne prenant pas des mesures convenables pour les regagner ou les reprimer. Cet arrangement étoit facile, l'Espagne fertile alors en grands Hommes, en fournissoit plusieurs qui jouissoient de l'amour des peuples, & un plus grand nombre encore d'un caractere à leur inspirer la terreur. Cependant, soit foiblesse, soit aveuglement, on choisit pour gouverner l'Etat dans ces circonstances critiques, le Cardinal de Tortoze, que sa qualité de Flamand faisoit haïr, & dont le génie borné n'inspiroit pas la crainte.

Ce Prélat connu dans l'Histoire, sous le nom d'Adrien, a plus de célebrité que de réputation. Sa qualité de

Précepteur de Charles-Quint, pourroit faire soupçonner qu'il eut du talent pour les affaires, si toutes les actions de sa vie n'étoit la preuve du contraire. Il fut proprement l'ouvrage de la fortune. Sans naissance, il s'éleva par dégrés à la premiere Dignité du monde. Sans intrigue, il fut mêlé dans la plûpart des grandes scénes qui partagerent l'Europe durant sa vie. Sans ambition, il gouverna des Empires. Son bonheur lui tint lieu de tous les talens.

Les Espagnols, qui avoient aisément pénétré un Ministre si peu profond, crurent le tems de son administration favorable pour obtenir la disgrace des Etrangers, qu'ils avoient jusqu'alors poursuivie inutilement. Ils penserent que le Prince, qui étoit prudent, craindroit peut-être de hasarder ses Etats pour ses Favoris, & que le Cardinal, qui étoit timide, pourroit bien se déterminer à aller chercher avec ses

Compatriotes un abri dans sa Patrie ; s'il voyoit former sur sa tête un orage un peu dangereux. Ces considérations déterminerent les principales Villes d'Espagne, à former entre-elles une espece de confederation. Pour donner plus d'éclat, & de force à la Ligue, les rebelles imaginerent de se saisir de la personne de la Reine-Mere, qui à cause de sa folie étoit enfermée à Tordevillas. Ce projet s'exécuta sans beaucoup de peine, & le succès en fut prodigieux. Ceux qui s'étoient engagés dans la revolte, y furent affermis, & tout ce qui balançoit encore fut entraîné par un si grand nom.

Le Cardinal Administrateur, n'avoit pas attendu ce dernier évenement pour être allarmé. L'esperance d'appaiser les mécontens, l'avoit déterminé dès le commencement des troubles, à partager avec le Connetable & l'Amiral de Castille, l'autorité absolue dont il jouissoit. Cette condescendance ayant inspiré plus d'audace que de repentir, il fallut recourir à d'autres voies de pacification. On offrit aux séditieux de ne plus admettre de Flamands aux charges ni aux bénéfices, pourvû qu'il fut permis à ceux qui en possedoient déja, de les retenir. Un temperament qui sauvoit en quelque maniere la réputation du Souverain, & qui pouvoit rassurer, jusqu'à un certain point les peuples, auroit été probablement goûté de la multitude, sans l'ambition des Chefs. Les efforts qui furent faits immédiatement après pour les gagner appuyent cette conjecture.

. On s'adressa d'abord à l'Evêque de Zamorra, né d'un pere incertain, & formé dès l'enfance au crime. Il joignoit un caractere audacieux & turbulent à des mœurs basses & corrompues. On lui trouvoit tous les vices d'un mauvais Prêtre, excepté l'hypocrifie, & toutes les vertus d'un foldat, excepté la générofité. Ce Prélat, dont l'ambition n'avoit point de bornes, mit fa foumiffion à un trop haut prix. Il ofa demander l'Archevêché de Tolede, qu'on eut heureufement la fageffe de lui refufer. C'eût été un fcandale horrible pour l'Eglife, de voir un homme fans religion fur le premier Siege d'un grand Royaume ; & un péril preffant pour l'Etat, de renfermer dans fon fein un citoyen affez mauvais, pour en vouloir la ruine, & affez puiffant pour la procurer.

Jean Padilla paroiffoit devoir être plus aifément détaché de la ligue. C'étoit un homme fans vices & fans vertus. Quoique fa maifon eût fervi de berceau à la révolte, il n'y tenoit que par l'ambition & les caprices de fon époufe. Cette femme emportée & fuperftitieufe, avoit vû en fonge fon mari

Grand-Maître de St. Jacques. L'esperance de voir réalifer bientôt cette
chimere, l'avoit déterminée à allumer
ou à attifer du moins le feu qui devoroit
l'Espagne. Elle offrit de l'éteindre,
pourvû qu'on la conduifit au but qu'elle
s'étoit propofé. L'Hiftoire ne dit pas,
fi on négligea fes offres, parce qu'on
la crût incapable de ramener les efprits
qu'elle avoit aigris, ou bien, fi on ef-
pera d'y réuffir fans détacher de la
Couronne une Dignité importante qui
y avoit été unie irrevocablement fous
le précédent regne.

L'inutilité des deux tentatives qu'on
avoit faites, ne détourna pas le Confeil d'en hafarder une troifieme : il
tenta Pedro Giron par de l'argent,
des honneurs perfonnels, une dignité
héréditaire. Cet efprit leger & irréfolu,
laffa plus d'une fois la patience des
Négociateurs. Il vouloit & ne vouloit
pas : on le croyoit content un jour des

conditions qu'on lui offroit , & il avoit le lendemain des prétentions nouvelles. De la certitude presque entiere d'un accomodement conclu , on passoit sans incident & sans intervalle à la crainte de ne le voir jamais terminé. Il paroissoit difficile de prévoir quel seroit le dénouement de cette intrigue , lorsque Giron partit brusquement pour s'aller mettre à la tête de l'armée rebelle.

Les troupes Royales , trop foibles pour tenir la campagne , s'étoient retirées dans la Ville de Medina de Rio-Seco. La facilité qu'on trouva à enlever leurs convois , les alloit forcer à se rendre à discrétion , si une femme adroite & hardie n'eût détourné un si grand malheur. La Comtesse de Medina , demanda à Giron , qui étoit son parent , une conférence , & ce Général , ne crût pas que la bienséance lui permît de la refuser. Les hommes faits pour sentir l'ascendant d'un esprit fort

sur

fur une ame foible, prévirent les fuites de cette entrevûe. Le chef des rebelles s'y laiffa perfuader, qu'il affureroit fa gloire en acceptant la place qui offroit de capituler, & qu'il épargneroit le fang de fes foldats, en permettant de fe retirer à des troupes nombreufes, dont la valeur & le défefpoir feroient redoutables. Il ne comprit pas qu'une Ville ouverte de tous côtés, n'étoit d'aucune importance, & qu'il s'agif-foit moins de livrer des affauts à la pla-ce, que de couper les vivres à l'armée qui y étoit enfermée.

Le Comte de Haro, Capitaine ex-périmenté, brave & entreprenant, ne fut pas plutôt forti du mauvais pas, où les circonftances plus que fon impru-dence l'avoient engagé, qu'il redonna de la chaleur au bon parti par une ac-tion héroïque que le fuccès a rendu cé-lébre. Il prit avec beaucoup de dili-gence & de fecret la route de Tor-

defillas, efcalada la Ville avec une audace extrème, & eut le bonheur de fe
rendre maître de la perfonne de la
Reine. Les fuites de cette démarche
harfardée prefque à la vûe d'un ennemi infiniment fuperieur furent très-
heureufes. L'efprit de rebellion qui
avoit fait des progrès fi rapides, depuis
que le nom de la Princeffe avoit paru
l'autorifer, ne fût plus l'efprit général de la nation. Les bons citoyens re-
prirent courage, & les mauvais furent
confternés. Ceux qui n'étoient que
foibles ou intéreffés furent ramenés à
leur devoir par les mêmes vûes qui les
avoient déterminés à s'en écarter. Ils
virent plus de fûreté & de fortune dans
la foumiffion que dans la révolte; Pedro Giron fut de ce nombre.

Padilla placé par cette défection à la
tête d'un parti qui commençoit à être
décrié, ne trouvoit de moyen pour le
foûtenir, ni dans fon courage, ni dans

l'affection des peuples. Sa femme, dont le caractere étoit plus vif & plus agiſſant, imagina des reſſources qui ne devoient pas tomber naturellement dans l'eſprit d'une femme ſuperſtitieuſe: elle ſe détermina à expolier l'Egliſe de Tolede, la plus riche de toute l'Eſpagne. Les gardiens des tréſors ſacrés, qui avoient ſoupçonné quelque chóſe de ce deſſein, avoient mis à couvert tout ce que leur temple renfermoit de plus précieux; mais la femme de Padilla ſe dédomagea ſur les reliques pour leſquels le génie de la nation avoit perſuadé, qu'on n'avoit rien à craindre. On la vit ſe proſterner devant ces reſtes précieux, les conjurer de ſe laiſſer dépouiller de leurs ornemens, & leur jurer ſolemnellement que leur gloire ſeroit un jour rétablie, & même augmentée. Après ces ridicules cérémonies, les reliques furent tirées de leurs châſſes, enveloppées dans des linges blancs, & refpectueufement remifes dans les armoires où elles étoient ordinairement gardées. On fit des châffes l'ufage qu'on avoit projetté ; elles furent converties en monnoye.

Ce fecours qui étoit paffager, ne fuffifant pas pour des befoins continuels, les troupes commencerent à vivre dans une fi grande licence, qu'elles fe rendirent infuportables, même à leurs partifans les plus échauffés : »un Curé »du Village de Mediane, dit Bran- »tome, affectionna fi fort Dom Juan de »Padilla, un des principaux chefs mu- »tinés, que tous les Dimanches à fon »Prône, il ne failloit de le recomman- »der d'un *Pater Nofter* & d'un *Ave* »*Maria*, & pour la fainte fédition »dont il étoit grand fauteur ; & il »continua les prieres l'efpace d'un »mois, au bout duquel la fortune vou- »lut que les troupes dudit Padilla vin- »rent à paffer par le Village dudit

» Monſieur le Curé, qui lui mange-
» rent ſes poules & ſon lard & bûrent
» ſon vin, & qui plus eſt lui emmene-
rent ſa chambriere ; le Dimanche d'a-
» près, il en fit ſa plainte en ſon Prône
» & leur raconta tout le dommage que
» ces troupes lui avoient fait, & ſur-
» tout de ſa chambriere Catherine, la
» nommant tout à trac, & admoneſ-
» tant le peuple, de ne ſuivre plus le
» parti de Padilla, mais celui du Roi ;
» donnant au diable ſes Partiſans &
» ſéditieux, & les conjurant tous de
» crier, vive le Roi, & meure Padilla,
» ce qui fut fait , & renvoya tous les
» autres à tous les diables.

Les diſpoſitions aſſez générales de la
part des peuples, firent croire au Comte
de Haro , qu'il ſuffiſoit pour porter le
dernier coup aux rebelles , d'avoir ſur
eux un avantage conſidérable. Il les
attaqua à Villahar , les battit & détruiſit
ou diſſipa toute leur armée. Padilla

chercha inutilement la mort dans le combat, & il la trouva le lendemain sur un échaffaud. Marie Pacheco sa femme alla pleurer ses malheurs dans le Portugal, ou se livrer au désespoir, de n'avoir pû bouleverser sa patrie. L'Evêque de Zamora subit l'ignominie & les horreurs d'une fin violente, après avoir été errant & fugitif dix-huit mois. Le bonheur qu'eut le Comte de Salva-tierra, chef du Conseil de la Ligue, d'échapper long-tems à la vigilance de ceux qui le poursuivoient, eût une issue funeste; mais il fut accompagné de la plus tendre consolation.

Athanase d'Ayala, Page de Char-les-Quint, qu'il avoit suivi en Alle-magne, apprit que son pere étoit pros-crit & abandonné. Sa jeunesse ne l'em-pêcha pas de connoître son devoir, ni son ambition de le remplir. Il vendit un cheval qui lui servoit pour le ma-nége, & en envoya le prix à un Gen-

tilhomme Espagnol , qu'il connoiffoit affez généreux & affez ami de fon
pere , pour lui faire tenir ce fecours
partout où fes malheurs l'auroient pû
conduire. Dès qu'on fe fut apperçu que
le jeune d'Ayala n'avoit plus de cheval,
on foupçonna qu'il l'avoit facrifié à fes
fantaifies ou à fes plaifirs. Les peines
qu'on lui impofa , ou pour lui faire
avouer la vérité , ou pour le punir , ne
lui arracherent jamais d'aveu qui fût
propre à confirmer ou à détruire ces
conjectures. Cette opiniâtreté , qui
n'étoit ni de fon âge ni dans fon caractere , piqua la curiofité & multiplia les
perquifitions. A force de recherches,
on réuflit enfin à fçavoir tout le détail
d'une action qu'il eft honteux pour
l'humanité , qu'on foit réduit à regarder comme finguliere,& à louer comme
héroïque.

Le rafinement eft fouvent pouffé fi
loin en Efpagne , que le Gouverneur

des Pages suppofa qu'il fe rendroit coupable du crime de leze-Majefté, s'il n'avertiffoit l'Empereur de ce qu'il venoit d'apprendre. Ce Prince qui fe poffedoit déja fouverainement, ne témoigna ni furprife ni indignation ; il loua le délateur de fon zele, & envoya chercher l'accufé. D'Ayala fe préfenta avec le refpect qu'il devoit à fon Maître, & avec l'affurance qu'infpire une confcience tranquille : fans penfer à fe juftifier ni à demander grace, il dit avec une noble fimplicité ce qu'il avoit fait : ce fecret qu'il avoit dérobé avec tant de foin aux autres, il fe crût obligé de le réveler à fon Souverain.

Charles qui donnoit fouvent une attention férieufe à des actions, que nous en trouverions peu dignes, parût plus embarraffé que fâché de cet aveu. Il ne voyoit point de parti à prendre qui n'entraînat des inconvéniens. En puniffant, il manquoit au premier devoir de la Royauté, qui est de ne point laisser d'action vertueuse sans recompense : en recompensant, il paroissoit autoriser l'esprit de revolte, qui n'étoit pas tout-à-fait éteint en Espagne. Pour éviter à la fois la honte & le reproche d'être injuste ou imprudent, le Prince prit un milieu, qui lui parut sage : il feignit contre son Page une colere qu'il ne sentoit pas, & ne sembla accorder de pardon qu'à sa jeunesse, & un nouveau cheval plus beau que le premier qu'à sa situation. Mais on saisit l'occasion d'un service que d'Ayala rendit quelques années après à la Monarchie, pour le recompenser, & de ce qu'il venoit de faire, & des marques de tendresse qu'il avoit données autrefois à son malheureux pere.

Cette preuve de générosité, n'est ni la seule ni la plus marquée que l'Empereur donnna dans le cours des diffensions domestiques : il mit plus de noblesse encore dans le traitement qu'il fit à Fernand d'Avalos. Ce Seigneur qui avoit été excepté avec quelques autres de l'amnistie accordée aux rebelles, s'étoit d'abord retiré en France. Les efforts qu'il y avoit faits pour obtenir sa grace, n'ayant trouvé qu'une indifférence cruelle, ou une compassion timide, il voulut essayer si sa présence n'inspireroit pas d'autres sentimens. Cette resolution le conduisit à la Cour Imperiale, où il ne se montra qu'à ceux dont il se croyoit sûr; mais il avoit fait trop d'amis pour n'en pas avoir d'infideles, dans un séjour où l'amitié ne survit pas à la faveur. Il fut trahi par un Espagnol, auquel il avoit donné une confiance sans bornes, & sur les services de qui il comptoit le plus. Ce courtisan perfide & intéressé ne s'en tint pas là. Pour cacher la honte de sa démarche, & lui donner un air plus important, il feignit de croire que la perſonne du Prince étoit en péril, & il ſuppoſa une conſpiration dont il faiſoit Avalos l'auteur ou le complice.

L'attention que l'Empereur prêta à ce rapport, fit penſer au Délateur qu'on donnoit une créance entiere à ſes calomnies. L'inaction où reſta la Cour durant quelques jours, ne lui parut point ſuſpecte, & ne le fit pas changer d'opinion. Il crut que d'autres affaires avoient fait perdre celle-là de vûe, & il ne craignit pas de la rappeller. Le Prince indigné de ſon audace, lui dit de ce ton de Maître, qu'il ſçavoit ſi bien prendre. *Vous deviez aller dire plutôt à d'Avalos où je ſuis, que de me venir dire & appeller où il eſt, puiſque dans l'état où ſont les choſes, il a plus à craindre de moi, que je n'ai à craindre de lui:* Sa Majeſté en achevant ces mots, fit ſigne à l'accuſateur de ſe retirer, & l'accuſé ne fut ni puni ni recherché. Ce trait de clémence acheva de gagner les Espagnols, que la force avoit désarmés. Ils souhaitèrent de répandre pour la patrie le reste d'un sang qu'ils venoient de prodiguer contr'elle, & la guerre de Navarre en fournit bientôt l'occasion.

GUERRE DE NAVARRE.

En 1521.

L'ORIGINE de cette guerre n'étoit pas récente, & la cause en étoit fort juste. Ferdinand le Catholique, Prince plus décrié encore par sa mauvaise foi, que célébre pour sa politique, s'étoit emparé de la Navarre en 1513. Son ambition toute éclairée qu'elle étoit, ne lui avoit point fourni de prétexte même apparent, qui l'autorisât à se rendre maître de ce Royaume, & il n'en avoit eu que deux, l'un injuste

& l'autre ridicule pour le retenir. Il s'étoit appuyé d'un côté sur le droit de conquête, qui, lorsqu'il est seul n'est un droit que chez les nations barbares ; il s'étoit fondé de l'autre, sur une Bulle vraie ou fausse du Pape Jules, qui donnoit les Etats du Roi de Navarre au premier qui pourroit s'en saisir : prétention orgueilleuse, plus propre à deshonnorer la religion qu'à décorer ses Ministres, puisqu'elle détruiroit toute société.

La mort de l'usurpateur, parut favorable aux Navarrois pour secouer le joug des Arragonois ; à Jean d'Albret, pour recouvrer la couronnne qu'il avoit perdue ; à François I. pour affoiblir la puissance de son rival. Ce concert de vûes, d'efforts & de politique, produisit une armée nombreuse & brillante, qui auroit suffi à la conquête de l'Espagne entiere, si elle avoit eu un autre Général que le Roi détrôné.

Ce Prince étoit né malheureusement trop indolent pour s'instruire par les évenemens passés ; trop foible, pour soûtenir avec quelque dignité les disgraces présentes ; trop borné pour percer les mysteres de l'avenir. Il n'avoit ni assez de pénétration pour se conduire par ses lumieres, ni assez de jugement pour profiter des conseils d'autrui, ni assez de courage pour forcer la fortune à changer de parti. Ses sentimens étoient bas, ses manieres indécentes, ses plaisirs grossiers, ses familiarités choquantes ; tout jusqu'à ses bienfaits annonçoit un caractere rampant & méprisable. Les grandes occasions ne lui élevoient pas l'ame, & en travaillant à remonter sur le Trône, il fit assez de fautes pour en être précipité, s'il y eût été assis. Ses dispositions furent tout-à-fait mauvaises, sa négligence extrême, sa lâcheté incroyable ; en divisant son armée en trois corps trop éloignés l'un de l'autre pour se soûtenir, il les fit battre successivement. Son avant-garde & son corps de bataille donnerent l'un après l'autre au passage de Roncevaux, dans une ambuscade, dont un Général un peu vigilant les auroit préservés. Plus occupé enfin de sa vie que de sa gloire, il prit son poste à l'arriere garde, où il donna l'exemple de la fuite à ceux qu'il auroit dû mener à la mort ou à la victoire.

Les malheurs de cette journée paroissoient irréparables, lorsque les guerres civiles qui agiterent l'Espagne, firent voir la possibilité de les reparer. Ces troubles réduisirent les Ministres de Charles-Quint, à la funeste alternative de laisser étendre la rebellion, ou de rappeller pour les étouffer les troupes qui gardoient la Navarre : dans le premier cas, ils hasardoient le centre de la Monarchie, & dans le second, une frontiere très-importante. L'impossibilité où l'on se trouvoit de prendre un bon parti, détermina au dernier, dont les suites parurent moins dangereuses. Cette démarche fut accompagnée des marques d'une politique ausquelles les Navarrois ne furent point trompés : on feignit pour eux une confiance qu'on ne sentoit pas, & ils promirent de leur côté une fidelité, qu'ils étoient bien resolus de ne pas garder.

En effet, ces peuples ne se virent pas plutôt délivrés de leurs oppresseurs, qu'ils demanderent un vengeur à la France. La Comtesse de Château-Brian, qui, comme toutes les maîtresses de François I. influoit beaucoup dans les affaires les plus importantes, appuya cette priere de tout son crédit. Une entreprise, dont l'exécution paroissoit facile, qui avoit pour objet le bonheur d'un peuple, dans laquelle son amant pouvoit se couvrir de gloire,

attira

attira toute son attention. Un intérêt sensiblement personnel se joignit à ces grands motifs : ses trois freres, Lautrec, Loscun & l'Esparre se trouvoient les plus proches héritiers de Henri d'Albret, que sa jeunesse empêchoit d'agir, & que la délicatesse de sa santé faisoit peut-être servir avec-plus de zele.

Il n'étoit pas besoin de tout l'ascendant que la Comtesse avoit sur l'esprit & le cœur du Roi, pour engager ce Prince dans une affaire qui ne pouvoit entraîner que des inconvéniens assez légers, & dont les suites devoient être naturellement fort heureuses. On ne lui proposoit pas de faire la guerre à l'Empereur, mais de permettre seulement que les maisons d'Albret & de Foix la lui déclarassent. On consentoit à ne point tirer des secours de lui, pourvû qu'il fermât les yeux sur ceux que quelques-unes de ses Provinces pourroient fournir. On le dispensoit enfin d'auto-

rifer ouvertement l'entreprife ; & il reftoit le maître de l'avouer ou de la défa-
vouer dans la fuite , felon qu'il le ju-
geroit convenable à fa gloire & à fes
intérêts. Ces avantanges étoient fen-
fibles : ils frapperent tous les efprits , &
la guerre de Navarre fut arrêtée.

L'Efparre qui fut chargé de la conduire étoit d'un caractere également
propre à réuffir & à échouer : hardi &
témeraire , vif & inconfideré , ambitieux & opiniâtre , excellent pour un
coup de main , & incapable d'un deffein fuivi ; les circonftances pouvoient
indifferemment rendre fes talens inutiles , ou mettre en valeur jufqu'à fes
défauts. La fortune le fervit admirablement , en lui oppofant le Duc de
Navarre , homme trop fage en général pour gâter une bonne affaire , mais
trop circonfpect pour en accommoder
une mauvaife. Son imagination lui groffiffoit toûjours le péril , & lui diminuoit

les reſſources qu'il avoit pour le ſurmonter. Il ſe croyoit ordinairement
plus foible qu'il n'étoit, & cette opinion rendoit ſon ennemi plus hardi &
plus fort. Loin de négliger les précautions néceſſaires, il en prenoit le
plus ſouvent d'exceſſives. Une guerre
ſçavante & méthodique ne l'effrayoit
pas; mais il étoit déconcerté par des at-
taques bruſques & imprévûes. Son plus
grand défaut étoit de ne rien haſarder,
& les beſoins les plus preſſans de l'état
ne l'auroient pas déterminé à livrer ou
à accepter une bataille contre les regles.

Le Général François qui connoiſſoit
le caractere de ſon rival, ſa lenteur &
ſes irréſolutions, ne lui donna pas le
tems de former un plan de défenſe, ni
de revenir de la ſurpriſe où le jettoit une
irruption qu'on n'avoit pas même ſoup-
çonnée. Il força St. Jean de Pied-de-
Port, paſſa fiérement les Pirenées, où
les Eſpagnols abandonnés des Mon-

tagnards n'oferent fe défendre , & pénétra fans trouver d'obftacle jufqu'à Pampelune, qui reçut avec des tranfports fon Libérateur. La refiftance que fit la Citadelle, n'eft connue dans l'hiftoire que par la bleffure qu'y reçut Ignace de Loyola , fondateur de la Société des Jéfuites. Le Royaume entier fuivit l'exemple de la Capitale , & le vainqueur fe trouva maître de toute la Navarre fans avoir tiré l'épée. Trois caufes differentes firent ce fuccès : l'audace des conquerans , l'horreur des peuples pour un joug étranger , & la lâcheté du Vice-Roi , qui , au lieu de difputer le terrain à l'ennemi , s'étoit rendu auprès du Cardinal Miniftre , ou pour juftifier fa conduite , ou pour demander du fecours.

Si l'Efparre eût eu autant de prudence que de bonheur, il y a apparence que fa conquête feroit devenue auffi fure, qu'elle avoit été facile. Depuis que les factions de Grammont & de Beaumont avoient facrifié leurs haines à leur patrie, l'Etat n'avoit plus à craindre ces diffenffions domeftiques qui l'avoient affervi : il étoit poffible d'un autre côté de le garantir de l'irruption des Efpagnols, en mettant les places en état de défenfe, & en couvrant la frontiere avec une bonne armée. Les gens fages opinoient à fe borner là, & à ne pas hafarder des avantages réels pour des conquêtes douteufes, éloignées & inutiles.

Tant de modération ne fe trouva pas du goût du Général François. Il ne lui parut pas qu'il pût y avoir du danger à continuer la guerre contre un ennemi qui la faifoit fi mal ; & il penfa, que s'il fe contentoit des fuccès faciles qu'il avoit eus, on le regarderoit plutôt comme un avanturier heureux, que comme un Général habile. Ces idées étoient fortifiées par le cri de

D iij

toute l'armée, qui menaçoit, si on la retenoit dans l'inaction, de s'en retourner en France : le Soldat demandoit d'un air fier & dédaigneux, si on ne l'avoit enrollé que pour le rendre témoin de la fuite des Espagnols : L'Officier soûtenoit de son côté, qu'il ne pouvoit pas y avoir d'inconvénient à attaquer une nation tellement occupée de ses différends, qu'elle ne penseroit pas à se défendre, ou si fort affoiblie par ses divisions, qu'elle seroit hors d'état de faire quelque résistance. Ces dispositions déterminerent les vainqueurs à pénétrer en Castille, & ils s'attacherent au siege de Logrogno.

Cette Ville, quoique frontiere & considérable, étoit si peu en état de défense, que ses habitans amollis par un long repos, se seroient rendus à la vûe de l'armée ennemie, s'ils avoient été investis aussi-tôt qu'on eût laissé éclater le dessein de les assieger. Trois

jours imprudemment accordés au ca-
price, plutôt qu'au besoin des troupes,
donnerent le tems à la Noblesse voisine
de se jetter dans la place, & d'y faire
entrer les munitions de guerre dont elle
avoit besoin. Le Gouverneur, homme
ferme & expérimenté, suppléa aux ressources qui lui manquoient, par deux
précautions extrêmes, mais nécessaires : il renvoya les bouches inutiles,
& inonda le pays. Tout effrayant qu'é-
toit cet appareil, il n'intimida pas les
François : ils formerent le siege avec
le courage qui leur est ordinaire, & le
continuerent avec plus de constance
qu'ils n'en ont ordinairement.

Les Espagnols qui avoient vû assez
froidement la perte de la Navarre,
qu'ils n'étoient pas encore accoûtumés
à regarder comme une partie de leur
Monarchie, parurent fort allarmés sur le
risque que couroit Logrogno. Le desir
de secourir sans délai cette forteresse si

importante, acheva de pacifier les divisions, que le tems & la défaite des rebelles avoient affoiblies. Les deux partis facrifierent leurs haines à l'amour de la patrie, & ils unirent leurs forces pour la venger d'un ennemi qui l'avoit ravagée, & qui prétendoit encore l'asservir. La marche de ce fecours, composé de quarante-mille hommes, produifit l'effet qu'on s'en étoit promis. Les affiegeans abandonnerent leur entreprife, & fe retirerent vers Pampelune, la feule de leurs conquêtes où ils puffent efperer de trouver quelque fureté. Ils n'étoient qu'à une lieue de cette grande Ville, lorfqu'ils furent joints par les Efpagnols, dont les Généraux avoient rallenti la marche par la jaloufie du commandement.

Ce retardement pouvoit être le falut de l'armée Françoife & de la Navarre, fi l'Efparre eût été auffi Capitaine qu'il étoit Soldat. Une intelli-

gence médiocre de la guerre lui auroit
fait voir qu'il ne pouvoit être ni affamé
ni forcé dans le camp qu'il avoit choisi,
qu'il étoit également impossible d'emporter Pampelune d'emblée, ou de l'assiéger dans les regles, & que l'ennemi dans
l'impossibilité de faire venir des vivres
de Castille, ou d'en trouver dans un pays
ruiné, seroit bientôt forcé de se retirer.
Soit que ces considérations ne se pré-
sentassent pas au Général François,
soitqu'elles ne fissent point d'impression
sur lui, il se détermina à livrer bataille; & ce qui est plus surprenant encore,
il négligea tous les avantages qui pouvoient lui procurer la victoire; en dif-
férant cette action de quelques jours
il auroit pû être renforcé de plusieurs
garnisons que les intérêts & l'inclination des habitans rendoient inutiles
dans les forts qu'elles défendoient; de
six mille Navarrois qui s'empressoient
de le joindre, autant pour servir leur

haine, que pour faire éclater leur valeur, & de quelques corps très-aguerris qui n'étoient plus nécessaires pour couvrir les frontieres du côté de la Biscaye, depuis que les Espagnols en avoient retiré leurs troupes. Avec ces ressources, l'Esparre auroit certainement vaincu, puisque sans elles il fut sur le point de vaincre. Sa Gendarmerie poussa d'abord si vivement les escadrons qu'on lui opposa, qu'elle parût devoir décider du succès de cette journée. Mais le reste de son armée ayant mal soutenu les efforts de l'infanterie ennemie, les premiers succès devinrent inutiles. La défaite des François fut aussi complette qu'elle pouvoit l'être: ils furent tous tués, pris, ou dissipés; & la Navarre entiere fut recouvrée avec la même facilité qu'elle avoit été perdue. Depuis ce tems-là, ce petit Royaume a fait partie de la Monarchie Espagnole. Cette usurpation, il est

vrai, a successivement causé à la mort
des remords à Ferdinand, à Charles-
Quint, à Philippe II. mais ces retours
tardifs à la justice, n'ont produit que
d'inutiles exhortations à leurs descen-
dans, de faire examiner des droits,
qui ne manquent jamais de paroître
bien fondés aux Princes qui survivent,
& à leur Conseil.

GUERRES DE CHARLES-QUINT ET DE FRANÇOIS I.

Depuis 1521. jusqu'en 1544.

LE calme étoit à peine rétabli dans
la Navarre, que le Milanés fut vivement agité. Quoique l'Europe s'atten-
dît bien que la jalousie de Charles & de
François ne seroit pas long-tems oisive,
on fut aussi surpris de la guerre, que
si on s'étoit crû assuré de la paix. Jat-

tribue cet évenement à la petitesse des
motifs qui brouillerent les deux Princes.

Le Seigneur d'Aimieres & le Prince de Chimai, prétendoient tous deux à la propriété de la Ville d'Hierge, située dans les Ardennes. Le premier condamné au Tribunal de Bouillon, Juge Souverain en cette matiere, fut reçu appellant de ce jugement à la Chancellerie de Brabant. La Mark, homme fier & violent, désespéré de voir donner cette atteinte à sa petite Souveraineté, demanda du secours au Roi de France, & envoya défier l'Empereur à Wormes.

Les Ministres de Charles auroient souhaité qu'on méprisât la ridicule audace de ce Souverain, dont la Principauté n'avoit pas six lieues d'étendue; mais l'Empereur ne put pas surmonter son ressentiment. Il arma d'un côté pour punir la Mark, & François de l'autre, pour le soûtenir. Cette étincelle alluma un incendie qui embrâſa toute l'Europe, qui dura plus de trente-huit ans, & qui coûta la vie à deux millions d'hommes.

Quoique la Flandre & les Pirenées fuſſent d'abord ravagées par les deux partis, ce fut l'Italie qui fut proprement le théâtre de la guerre. Le Pape & l'Empereur y unirent leurs forces : l'un avoit en vûe de recouvrer Parme & Plaiſance, & l'autre, de chaſſer du Milanés les François, qui, après bien des révolutions, en étoient enfin reſtés les maîtres.

Lautrec qui y commandoit, joignoit à une valeur héroïque le génie de la guerre, une grande expérience, la confiance du ſoldat & une autorité abſolue. Tant d'avantages étoient plus que balancés par une fierté exceſſive, une avidité inſatiable, une préſomp-tion ſans bornes : tous les jours étoient marqués par des injuſtices, des confiſ-

cations, des emprifonnemens : le nombre des bannis s'étoit multiplié jufqu'à
faire dire qu'il y avoit autant de citoyens chaffés de Milan, qu'il y en
étoit refté. L'afcendant que Madame
de Chateaubriant, fœur de Lautrec,
avoit pris fur le cœur du Roi, affuroit
ce Général de l'impunité, & le rendoit hardi à tout entreprendre. Si un
refte de refpect humain, ou quelques
confidérations particulieres l'empê-
choient dans certaines occafions de fa-
tisfaire lui-même fa haine ou fa jaloufie,
il rempliffoit aifément de foupçons l'efprit du Monarque. Le Maréchal de
Trivulce, que fes richeffes, fa naif-
fance & fes fervices rendoient le premier homme du Milanés, en fit la trifte
expérience. Ce Seigneur jouiffoit d'une
grande confidération, vivoit avec
beaucoup de magnificence, & avoit
les cœurs des peuples : telles furent les
raifons qu'on eût de le rendre fufpect à

la Cour ; le prétexte qu'on prit fut, qu'il s'étoit fait naturaliser Suiffe.

Trivulce également fier & de fon innocence & de fes fervices, méprifa d'abord une accufation fi frivole. Inftruit dans la fuite, qu'elle avoit fait plus d'impreffion qu'il ne l'avoit craint, il paffa les Alpes en Hyver & à quatre-vingt ans, dans la certitude de fe juftifier, & avec l'efperance de faire punir fon accufateur. Non feulement on ne lui rendit pas juftice, on refufa même de l'écouter. Outré d'un traitement qui n'eft croyable que parce qu'il fe renouvelle tous les jours, il fe fit porter dans un endroit où le Roi devoit bientôt paffer. *Sire, ah ! Sire, un mot d'audience*, s'écria Trivulce, dès qu'il apperçut François. Le Prince détourna la tête & ne répondit rien. Ce trait de mépris fut un coup mortel, que le repentir du Monarque ne pût jamais guerir. Le Maréchal répondit à celui qui le visita ensuite de sa part, qu'il n'étoit plus tems. *Le dedain que le Roi m'a témoigné*, ajoûta-t-il, *& mon dépit ont déja fait leur opération; je suis mort.* Il ordonna qu'on gravât sur son tombeau cette courte épitaphe, qui exprimoit bien son caractere : *hic quiescit qui numquam quievit :* ici repose qui ne se reposa jamais.

Cet évenement pouvoit avoir, & eût en effet des suites terribles. Les Milanois qui n'avoient haï jusqu'à lors que leurs Gouverneurs, montrerent une haine extrême contre la nation & contre le Roi même. Les Citoyens tranquilles & modérés se bornerent à souhaiter de changer de Maître : les esprits vifs & déterminés chercherent dans les Etats voisins un abri contre l'oppression : les factieux formerent des ligues, & ne craignirent pas de troubler le repos de leur patrie dans l'espérance de briser ses fers.

Lautrec

Lautrec vit une partie de ces malheurs & devina le reste. L'impossibilité où il se trouvoit de réprimer à la
fois les ennemis domestiques, que ses
violences avoient aigris, & d'arrêter
les étrangers qui menaçoient son Gouvernement, le détermina à aller demander des secours en France. On lui
accorda des hommes, mais on lui refusa de l'argent. Les dissipations du
Roi & de la Duchesse sa mere, l'avidité des maîtresses, des favoris, des
Ministres : tout cela avoit jetté une
telle confusion dans les Finances qu'on
n'avoit ni fonds ni credit. Ce que Lautrec gagna par ses instances ; ce fut une
promesse & des sermens qu'il trouve-
veroit en arrivant à Milan trois cens
mille écus, sans lesquels il protestoit
qu'il ne pourroit soûtenir la guerre.

Ce Général n'eût pas plutôt repassé
les Alpes, qu'il marcha aux conféderés qui faisoient le siége de Parme.

Tome I.   E

La lenteur de leurs Chefs lui donna le tems de rassembler ses troupes, & leurs démêlés la facilité de s'en servir pour faire échouer leur projet. Avec plus d'activité, il auroit rendu leur retraite dangereuse & peut-être impossible : ses incertitudes firent leur salut, & un renfort de dix-mille Suisses qu'ils reçurent à propos leur rendit leur supériorité. Ils poufferent Lautrec jusqu'à Milan, s'emparerent de la Ville mais non du Château, & réduisirent les François à se réfugier sur les terres des Venitiens dont ils commencerent alors à estimer l'alliance.

Lautrec s'y vit affez long-tems réduit à être spectateur oisif des progrès de Prosper Colonne & du Marquis de Pescaire. Il espera plusieurs fois & avec raison, que sa situation alloit devenir meilleure ; cependant des contre-tems qu'il ne pouvoit ni prévoir ni furmonter, tromperent toûjours ses

foins & fes conjectures. La mort même
du Pape qui paroiſſoit devoir néceſſairement changer la face des affaires fut
un évenement preſque indifférent. Il
eſt vrai que les troupes confédérées qui
ne ſubſiſtoient qu'aux dépens du Saint
Siége, furent diſperſées en partie;
mais Jerôme Moroné, vice-Chancelier
de Milan, trouva dans ſa haine des
reſſources, pour lever de nouveaux
ſoldats & pour les ſoudoyer. Ce Magiſ-
trat qui, de partiſan outré des François, en étoit devenu l'ennemi implacable, parce qu'il en avoit été négligé,
outragé même, aſſocia à ſes fureurs un
Moine Auguſtin, appellé Ferrari. Ce
déclamateur abuſant du talent de la
parole & de la crédulité des peuples,
ſubſtitua les matieres d'état dans la
Chaire aux Dogmes de la religion &
aux régles de la morale. Tour-à-tour,
politique & Prophete, il faiſoit voir
la poſſibilité de chaſſer les François de

l'Italie, & en intimoit l'ordre de la part du Ciel. L'enthoufiafme fe communiqua fi bien, qu'au rapport de du Bellai, les habitans de Milan qui n'avoient que deux écus, en portoient un pour continuer la guerre, & que ceux qui étoient en état de prendre les armes, offroient de fervir fans folde. L'arrivée du jeune François Sforce, fils du dernier Duc, fut un nouveau motif d'encouragement aux peuples de fournir des fècours, aux Villes de fecouer un joug étranger, aux Généraux de pouffer leurs conquêtes.

Dix-mille Suiffes, & quelques troupes Françoifes & Italiennes qui joignirent Lautrec dans ces circonftances, mirent ce Géneral en état de rentrer dans le Milanès. Après quelques entreprifes fur la Capitale, que la haine qu'on avoit pour lui rendit inutiles, & le fiége meurtrier & malheureux de Pavie; il marcha aux Conféderés campés à la Bicoque, maifon de plaifance des anciens Souverains du pays. Son projet, étoit dit-on, de les y affamer ; mais les Suiffes, auxquels il étoit dû plufieurs montres refuferent de feconder des vûes fi fages & fi bien concertées : ils demanderent, ou qu'on les payât, ou qu'on leur permît de fe retirer, ou qu'on les menât au combat. La premiere de ces demandes étoit vifiblement déplacée, depuis que le convoi, qui conduifoit quelque argent de France, avoit été coupé par l'ennemi ; on ne pouvoit fans fe trop affoiblir écouter la feconde ; & pour accorder la troifieme, il falloit hafarder l'armée entiere, en attaquant un camp très-bon par lui-même, entouré d'un large & profond foffé, & défendu par une artillerie nombreufe. Ces obfervations qu'on préfenta fous toutes les formes, & qu'on chercha à fortifier fucceffivement par des prieres, des reproches &

des promesses ne firent aucune impreffion. On n'arracha jamais aux Suiffes
que ces trois mots : *argent, congé ou
bataille.*

Cette obftination ne laiffa pas Lautrec le maître de fes opérations. Réduit à des partis qui entraînoient tous
des inconveniens, il crût devoir préférer celui où les hafards étoient pour lui,
& il fe détermina à combattre. Quoique fa difpofition de bataille & la valeur de fes troupes aient mérité des éloges, il fut vaincu & il devoit l'être. Sa
défaite entraîna la perte du Milanès ;
& fon retour en France donna lieu à
des éclairciffemens, qui fans le juftifier entierement, le firent traiter comme innocent, parce qu'ils fervirent à
faire paroître coupable la Ducheffe
d'Angoulême mere du Roi, qu'on appelloit Madame Regente, depuis l'expédition d'Italie de 1515.

Cette Princeffe ne s'étoit pas plutôt

apperçue de la paſſion du Roi ſon fils pour Madame de Château-Briant, qu'elle avoit redouté le caractere hardi & élevé de cette maîtreſſe. La crainte de voir diminuer ſon autorité, lui inſpira d'abord des projets violens ; mais ſes confidens lui en ayant fait ſentir le danger, elle ſe détermina, quoiqu'avec répugnance à recourir à des voies obſcures & détournées. La premiere qui lui vint dans l'eſprit, fut de perdre la ſœur par le frere, & la chute de Lautrec lui parut infaillible ſi on pouvoit réuſſir à lui faire faire une guerre malheureuſe dans la Lombardie. Pluſieurs moyens pouvoient produire un effet ſi odieux & ſi funeſte, Madame Regente s'arrêta à celui qui lui parût le plus ſûr & le plus facile. Elle détourna à ſes uſages les fonds deſtinés à la défenſe du Milanés.

Les fruits de cette déteſtable politique ne furent pas tels qu'on les ſouhaitoit

& qu'on les avoit espéré. Les François, il est vrai, furent chassés d'Italie; mais ce malheur n'entraîna ni la
disgrace de Madame de Château-
Briant, ni même la chûte de Lautrec.
Ce Général dédaigna de se justifier, il
osa se plaindre; & rejettant sur des intrigues de Cour, les revers qu'il venoit
d'essuyer à la guerre, il accusa le Sur-
Intendant des Finances, de ne lui avoir
fait toucher aucune des sommes qu'on
lui avoit promises. Le fait étoit vrai :
aussi Semblançai ne s'amusa-t-il pas à
s'inscrire en faux : il dit seulement
pour diminuer sa faute, qu'accablé par
l'autorité & intimidé par les menaces
de Madame Regente, il lui avoit laissé
prendre l'argent qu'on se plaignoit avec
justice de n'avoir pas reçu.

Cette Princesse accoûtumée à soûtenir le mensonge du même air que la
vérité, rejetta cette accusation avec
plus d'emportement & d'audace que

l'innocence n'en a ordinairement. François, à qui l'expérience ne permettoit pas de soupçonner son Ministre, ni le respect sa mere, n'osoit ni croire quelque chose, ni douter de rien. Cette incertitude surprit & offensa la Regente, dont jusqu'alors l'Empire n'avoit point eu de bornes. Elle craignît qu'une conduite si équitable n'affoiblît son crédit, en faisant soupçonner qu'il étoit diminué. Pour l'affermir, elle exigea avec toute la hauteur, toute la dureté de son caractere qu'on fît le procès au Surintendant.

Le Chancelier Duprat ennemi déclaré de ce Ministre, & créature de la Régenté, chercha dans tous les Parlemens du Royaume des Magistrats disposés à sacrifier leur honneur & leurs lumieres à ses intérêts & à sa passion. L'évenement fit voir qu'il se connoissoit en hommes lâches & injustes. Semblançai fut déclaré coupable de péculat, & puni comme s'il en avoit été convaincu. La plûpart des Historiens modernes prétendent, uniquement sur la foi de la tradition, que ce jugement n'eût de fondement, que l'impossibilité où se trouvoit le Surintendant de représenter les quittances qu'il avoit prétendu que la Régente lui avoit faites. Cette Princesse les avoit retirées par le moyen de Gentil, premier Commis des Finances, & amoureux d'une de ses femmes, qui exigea de son Amant cette trahison. Le supplice honteux qu'on fit souffrir à ce perfide après la mort de la Duchesse, ne permet pas de douter de cette Anecdote.

Tandis qu'on n'étoit occupé à la Cour de France que des démêlés de Madame Régente & du Surintendant, le Pape, l'Empereur, le Roi d'Angleterre, Ferdinand Duc d'Autriche, François Sforce que Charles - Quint avoit rétabli dans le Milanès, les Vénitiens, les Florentins, & les Génois, s'uniſſoient pour aſſûrer le repos de l'Italie. Cette Ligue, quelque redoutable qu'elle fût, ne diminua rien des prétentions de François, & ne changea rien à ſes projets. Il ne réflechiſſoit pas aſſez pour voir le péril, & avoit d'ailleurs trop de courage pour le craindre. Toute l'Europe conſpire contre moi, dit-il, j'eſpere de rendre vains les efforts de toute l'Europe. Je crains peu l'Empereur, parce qu'il manque d'argent ; le Roi d'Angleterre, parce que ma frontiere de Picardie eſt bien fortifiée ; les Flamans, parce qu'ils ſont mauvais ſoldats. Pour l'Italie, je m'en charge moi-même ; j'irai à Milan, je le prendrai, & je ne laiſſerai à mes ennemis aucune des conquêtes qu'ils ont faites ſur mes Généraux. Ce Prince ſe diſpoſoit en effet à paſſer les Alpes avec une armée capable d'exécuter les plus grandes choſes, lorſque la conſpiration du Connétable de Bourbon l'arrêta dans ses Etats. Cét évenément eut des suites si terribles, qu'on n'en peut trop exactement développer les causes.

Charles de Bourbon, Comte de Montpensier, devoit originairement l'immense fortune dont il jouissoit à l'amour qu'avoit eu pour lui Louise de Savoye mere du Roi, & à la haine implacable que portoit à cette Princesse Anne de France, fille de Louis XI. Ces deux femmes, dont l'une avoit gouverné le Royaume sous Charles VIII. & l'autre le gouvernoit sous François I. se déclaroient dans toutes les occasions l'une contre l'autre avec tout l'emportement que peuvent inspirer l'antipathie, la vengeance, l'orgueil, & la jalousie. Les projets de l'une étoient toûjours traversés par l'autre; & Louise n'eut pas plutôt laissé entrevoir le dessein d'épouser Montpensier; qu'Anne lui proposa sa fille Susanne, seule héritieré des vastes Domaines de la branche aînée de Bourbon. Quoique ce jeune Prince prétendit avec quelque fondement peut - être que ces biens lui étoient substitués, il ne balança pas à se marier avec sa cousine qui lui fit don de tous ses droits.

La premiere impression que fit sur Louise une union si précipitée, ressembloit à de la haine ; mais la seconde fut un redoublement d'amour. Cette Princesse persuadée que si sa rivale avoit assez de bonnes qualités pour mériter l'estime de son mari, elle n'avoit pas assez de graces pour fixer son cœur, résolut de le rendre infidele ; & comme rien ne persuade mieux que les grands bienfaits, elle demanda & obtint pour lui l'épée de Connétable.

Bourbon parut très-sensible à un procédé si noble, ses attentions prirent un air de tendresse qu'on interpréta favorablement. Cependant comme l'amour de la Princesse augmentoit avec la réputation de celui qui l'avoit fait naître, elle ne tarda pas à desirer un retour plus vif. Dans un de ces momens où la passion est aussi ingénieuse à s'alarmer qu'elle l'est dans d'autres à se flatter, on craignit que l'ambition du Connétable n'étouffât tout autre sentiment. Pour prévenir cette indifférence, Louise donna au Roi son fils, Duprat pour Ministre, & Bonnivet pour Favori. Elle crut que cet arrangement la rendant nécessaire au Connétable, l'assûroit de lui pour toûjours. Ce sentiment n'étoit pas délicat, & il devoit naturellement moins allumer l'amour que l'éteindre. Le Prince en jugea ainsi ; & si ces premiers traits lui firent soupçonner ce qu'il devoit craindre d'une femme de ce caractere ; il en fut convaincu par ce qu'il éprouva en Italie, où après la victoire de Marignan qu'on peut regarder comme son

ouvrage, il refta en qualité de Vice-
roi du Milanès.

Bourbon, quoique Prince du fang,
maître prefque abfolu de cinq Provinces confidérables, chef d'une Maifon
nombreufe, revêtu de la premiere dignité du Royaume, favoit quand il le
vouloit être populaire, & il le voulut
être à Milan. Jaloux de jouir de prefque tous les honneurss de la Royauté
chez une Nation infinuante & polie,
il parvint à les obtenir, en prodiguant
à la Nobleffe & au Peuple tout ce que
l'affabilité, la politeffe & la douceur
ont de plus féduifant. Quelques François qui ne jouiffoient pas de ces qualités aimables, firent un crime au Prince de fa complaifance pour les Italiens;
& foit qu'ils n'écoutaffent que leur
haine, ou qu'ils fuiviffent des impref-
fions étrangeres; ils réuffirent à rendre fes vûes fufpectes, & fa politique
odieufe. On tourna tout contre lui,

juſqu'à la découverte qu'il fit des intrigues tramées à la Cour de Rome contre les intérêts de la France. Le Roi ſe laiſſa perſuader que cette vigilance, & cette pénétration dans un jeune Prince nourri loin des affaires, & dans les plaiſirs, étoient néceſſairement la preuve, & les ſuites d'une ambition extrême.

Le Connétable qui ne tarda pas à être inſtruit des diſpoſitions où on étoit pour lui, entreprit de les faire changer en quittant ſa place. Une démarche ſi ſage fit tomber les ſoupçons de François, mais ne le réconcilia pas avec la Régente qui avoit contribué à les faire naître. Cette Princeſſe avoit été pénétrée de douleur en voyant Bourbon accepter ſans regret un emploi qui l'éloignoit d'elle. Cette conduite l'avoit preſque convaincue d'une indifférence qu'elle n'avoit voulu juſqu'alors que ſoupçonner. Pour l'en punir,

&

& pour tâcher de le ramener, elle le força en quelque maniere, en répandant un nuage sur ses actions, à repasser en France. Lorsqu'il parut à ses yeux conduit par le devoir, elle le reçut avec autant d'émotion & de joie que s'il eût été amené par l'amour. Ces sentimens ne durerent point. Le Prince qui étoit instruit de tout, & qui le vouloit paroître, ne prit plus la peine de masquer sa froideur par des politesses ressemblantes aux expressions de la passion ; & la Régente ne mit plus de bornes à sa haine & à sa vengeance. Elle commença à nuire au Connétable du côté de l'intérêt en empêchant qu'il ne fût payé de ses pensions, & continua par l'attaquer du côté de l'honneur en le faisant priver dans une occasion éclatante des plus brillantes prérogatives de sa Charge.

Sur ces entrefaites, la Duchesse Susanne mourut sans laisser d'enfans. Cet évenement découvrant à Madame Régente la possibilité de satisfaire sa passion, en ralluma vivement l'ardeur. Elle crut que l'espérance de partager avec elle le gouvernement du Royaume, ou la crainte de se voir ravir une succession sur laquelle elle avoit une apparence de droit, rendroit plus docile le Connétable. L'évenement prouva que ce Prince n'avoit pas été pénétré. Supérieur aux promesses & aux menaces, il conservoit le souvenir des injures passées, & ne montra que du mépris pour les offres qu'on lui faisoit. Tant d'aigreur & tant de hauteur déterminerent la Régente à pousser son ressentiment aussi loin qu'il pourroit aller. Elle revendiqua les biens de la Maison de Bourbon dont elle étoit par sa mere, & qu'elle prétendoit lui appartenir par la proximité du sang, tandis que le Connétable soutenoit au contraire que par l'usage immémorial

de sa Maison, les biens lui apparte-
noient en qualité de mâle. Les Juges
ne se trouverent pas assez corrompus
pour adjuger à la Régente cette succession ; mais ils furent assez foibles pour
la mettre en sequestre.

Cette injustice qui dépouilloit Bourbon des richesses & de la puissance
qui l'avoient soûtenu jusqu'alors contre la haine & les intrigues de ses ennemis, le détermina à chercher des ap-
puis hors de sa Patrie. Il entra en négociation, & fit un Traité avec l'Empereur & le Roi d'Angleterre. Le
premier s'engagea à lui donner en mariage sa sœur Eléonore, veuve du Roi
de Portugal, & à la déclarer par son
testament héritiere de tous les Etats de
la Maison d'Autriche, si lui, & Ferdinand son frere mouroient sans enfans ; Henri s'obligea à l'aider à se former un établissement indépendant, en
lui fournissant des hommes & de l'ar-

gent. Le Connétable pour soûtenir les
prétentions, & favoriser sur la frontiere les entreprises des Alliés, devoit
faire révolter le Bourbonnois, l'Auver-
gne, le Beaujolois, & quelques autres
Provinces dont il étoit le maître. Heureusement pour la France, le secret
d'une conspiration si dangereuse trans-
pira, & Bourbon fut obligé de quitter
en fugitif un pays où il prétendoit régner. François dans l'incertitude des
suites qu'auroit cette retraite, craignît
de s'éloigner de ses Etats, & au lieu
d'aller conquérir le Milanès comme il
l'avoit très-imprudemment projetté,
il chargea Bonnivet de cette expédition.

De tous les Généraux qui furent employés durant cette guerre, ce fut le
moins heureux, parce que c'étoit le
moins habile. Claude de Lorraine, premier Duc de Guise, rendit vains les
efforts des Allemands en Champagne;

la Trimouille, ceux des Anglois en Picardie, & Lautrec, ceux des Espagnols devant Bayonne. L'Amiral, le seul proprement qui eût une armée, entra dans la Lombardie à la tête de près de quarante mille hommes François, Suisses, ou Lansquenets, & y fit autant de fautes que de pas.

Prosper Colonne fut le Général que la ligue lui opposa. Cet Italien qui passa pour un des plus grands Capitaines de son siecle, faisoit la guerre avec moins d'éclat que de sagesse, & avoit pour maxime de ne rien abandonner à la fortune, même dans les cas les plus pressans. Il combinoit extrèmement toutes ses démarches, & dans la crainte de les déranger, il laissoit échapper souvent des occasions décisives que la négligence ou la foiblesse de l'ennemi lui présentoient. Sa maniere de faire la guerre étoit bonne en général, mais elle avoit le défaut d'être toûjours la même. Il ignoroit l'art de varier ses principes suivant les lieux, les tems, & les circonstances. Il fut lent sans être irrésolu, & s'il manqua de l'activité nécessaire pour fatiguer ou pour surprendre l'ennemi, il fut assez vigilant pour n'être jamais surpris. Le brillant & la gloire des batailles ne le tentoit point même dans sa jeunesse. Son ambition dans tous les âges fut de défendre ou de conquérir des Provinces sans répandre du sang. Exempt de l'inquiétude qu'on remarque dans la plûpart des Généraux, il attendoit sans impatience le fruit de ses manœuvres, & un succès pour venir lentement n'en étoit pas moins un succès pour lui. Si la politique qui le porta à changer si souvent de parti, le décria du côté de la probité ; d'un autre elle lui donna la connoissance du génie militaire de plusieurs peuples, une autorité suffisante pour les conduire, & l'adresse nécessaire pour les accorder.

La moindre partie de ces talens eut
suffi pour fermer l'entrée de l'Italie à
Bonnivet vif, imprudent, présomp-
tueux, & inappliqué. Malheureusement pour la Ligue, & peut-être pour
la France, Colonne accablé par les
maladies, & par l'âge, avoit conser-
vé l'ambition du commandement, la
derniere qui quitte les hommes, &
avoit perdu les forces nécessaires pour
exercer les fonctions du Généralat. Sa
foiblesse plus que sa raison l'avoit convaincu que les François n'étoient point
en état de penser à recouvrer le Milanès, & que quand ils auroient été assez
téméraires pour en former le projet,
la révolte du Connétable, & la multitude d'ennemis qu'ils avoient à craindre, le leur auroit fait abandonner.
Cette imprudente confiance l'empêcha
de faire des recrues, de rassembler ses
quartiers, & de rétablir les fortifications.   F iiij

Les François avoient passé les Alpes que Colonne étoit à peine désabusé. Il ramassa à la hâte ce qu'il put de troupes, & se porta avec assez de célérité sur les rives du Tesin pour en disputer le passage. Le fleuve s'étant trouvé moins profond qu'on ne l'avoit cru, il fut traversé à gué ou sur des ponts avec tant de promptitude, & un si bon ordre, que le Général des Confédérés fut forcé de se retirer. Tous les Historiens conviennent que si Bonnivet eût sû profiter de sa supériorité, il auroit détruit sans péril l'armée ennemie, & que Milan ne pouvoit pas balancer à lui ouvrir ses portes. On varie sur les raisons qui l'empêcherent de mettre à profit son activité, le seul talent qu'il eut pour la guerre.

Quelques Ecrivains prétendent qu'il voulut attendre la partie de son armée qui ne l'avoit pas encore joint ; sans faire attention que le tiers des forces qu'il avoit fuffifoit pour faire réuffir toutes les entreprifes qu'il voudroit former. D'autres ont chargé de fon inaction quelques Milanois qui, pour détourner les malheurs qui menaçoient leur Patrie, s'engagerent à faire donner par capitulation à la Capitale plus d'argent qu'on n'en tireroit en la faccageant. Brantome a écrit que Bonnivet étoit devenu paffionnément amoureux de la Signora Clarice, la plus belle perfonne de Milan, & qu'il avoit mieux aimé prendre la Ville par une voie où fa Maîtreffe ne courût aucun rifque, que de hafarder un affaut qui l'auroit expofée à la fureur & à la licence du foldat. Un Moderne a avancé, je ne fai fur quel fondement, que Galeas Vifconti méditoit de remettre fa Maifon en poffeffion du Milanès, entreprife plus difficile fi les François s'en rendoient les maîtres, que s'il n'y avoit qu'à prévenir ou à attendre la mort de

Sforce qui étoit infirme, & qui probablement n'auroit point d'enfans. Dans cette espérance Visconti s'étoit rendu agréable à Bonnivet, & lui avoit persuadé de ménager & de laisser reposer ses troupes, pour qu'il excitât plus d'admiration ou de crainte, lorsqu'il iroit prendre possession de Milan.

Quoiqu'il en soit, quelques jours que l'Amiral donna mal-à-propos aux plaisirs ou au repos furent autrement employés par Colonne. Une longue expérience ayant appris à ce Général, que les hommes même les plus éclairés, ne prennent pas toûjours le meilleur parti, il imagina que les François dont il avoit très-mauvaise opinion, pourroient bien lui donner le tems de réparer les fortifications de la Ville, & il ne se trompa point. Cette prévoyance, & cette activité rétablirent les affaires de la Ligue, & réduisirent Bonnivet à ne former qu'un blocus devant Milan, à fouhaiter de pouvoir couper les convois de l'armée confédérée, & à furprendre de petites Villes ou quelques poftes. Ces légers avantages mêmes ne durerent pas long-tems. Les François qui avoient le pays contre eux, un Général qu'ils n'eftimoient pas, un ennemi qui devenoit tous les jours plus fort, & à qui on faifoit faire une guerre lente & à l'Italienne, fe découragerent. Dès-lors leurs partis fe laifferent battre, leurs fubfiftances devinrent difficiles ; & Bonnivet dans la crainte de fe voir forcer ou affamer dans fon camp recula fes quartiers jufqu'au Tefin.

L'armée de Colonne, & les peuples du Milanès, demandoient qu'on attaquât les François dans leur marche. On le pouvoit peut-être avec avantage : mais le caractere du Général Italien s'y oppofa. Il foûtint que Bonnivet acheveroit bien lui feul de ruiner son armée ; que la prudence ne permettoit pas de presser un ennemi mal habile, qui n'avoit de ressource que son désespoir ; que c'étoit un triomphe bien complet & bien glorieux que d'avoir sû forcer les François à la retraite sans péril & sans effusion de sang , que la perte d'une bataille seroit plus funeste dans la situation où on se trouvoit , que la victoire ne pouvoit être avantageuse ; & qu'enfin il ne vouloit pas à la fin de sa carriere adopter de nouveaux principes, & négliger une méthode à laquelle il devoit sa gloire & sa fortune.

Bonnivet profita de la tranquillité dont on le laissa joüir , pour se fortifier à Biagrassa , Place à quatorze mille de Milan. Ce poste étoit très-bon, & il y a apparence qu'il s'y seroit maintenu jusqu'à l'arrivée des secours qu'il attendoit , si la mort de Colonne n'eût fait passer le commandement de l'armée

Impériale à des Généraux plus actifs que lui.

Ces Généraux étoient l'Annoi Vi-ceroi de Naples, le Marquis de Pef-quaire & Bourbon, qui depuis fa for-tie de France, étoit paffé en Italie. Il fut arrêté entr'eux & le Duc d'Ur-bin, & Pierre Pefaro, l'un Chef des troupes de l'Eglife, & l'autre de celles de Venife, qu'on laifferoit Sforce dans fa Capitale pour la raffûrer contre la hardieffe, & les entreprifes de quel-ques garnifons voifines, & qu'on paf-feroit le Tefin en force pour s'emparer des derrieres de Bonnivet, lui couper les vivres, & peut-être l'envelopper. Ce plan qui fut exécuté avec toute la vivacité & l'intelligence poffibles obli-gea les François à abandonner Bia-graffa. Cette démarche, pour être trop tardive, leur fit perdre leur communica-tion avec le Piémont, & ils fe trouve-rent renfermés dans le Novareze, pays

entierement ruiné. Bonnivet se flatta
long-tems qu'une diversion que six
mille Grisons devoient faire chez les
Venitiens & les Milanois, pourroit
changer quelque chose dans sa situation : mais ces peuples ayant été re-
poussés dans leurs montagnes, il ne lui
resta d'autre ressource que de se porter
à Romagno sur la Sessia, pour y recevoir six mille Suisses qu'on lui en-
voyoit. Quoiqu'ils ne fussent séparés de
l'armée que par la riviere, ils refuserent de joindre sous prétexte qu'on ne
leur avoit pas envoyé à Ivrée les quatre cens Gendarmes qu'on leur avoit
promis pour les escorter. Cette défection entraîna celle de leurs Compatriotes. Ils déserterent du camp en
foule, & se firent une espece de devoir
de suivre un exemple plus propre à
affermir dans le devoir des hommes
courageux qu'à les en écarter.

L'Amiral au désespoir de se voir

perdu par l'endroit qui devoit faire son
salut, ne pensa plus qu'à ramener s'il
pouvoit les débris de son armée en
France. Quoique ce projet fut rempli
de difficultés, il auroit réussi selon les
apparences sans l'activité, & peut-être
la haine de Bourbon. Depuis long-
tems ce Prince disoit qu'une extrème
diligence étoit nécessaire pour profiter
des fautes du Général François, que
les Officiers expérimentés de son armée
pouvoient réparer, si on leur donnoit
le tems de se faire entendre ou d'agir
eux-mêmes : ce conseil le meilleur
qu'on pût suivre n'avoit pas été écouté par des hommes accoûtumés à agir
avec lenteur, & qui craignoient trop
de lui voir attribuer le succès de la
campagne pour en régler si exactement
les opérations sur ses vûes. Le péril où
se trouvoient les François le rendit plus
vif, & ses envieux plus traitables : ils
consentirent à presser leur marche, &

le firent si heureusement qu'ils se trouverent à portée de charger la Gendarmerie Françoise, dans le moment même que l'Infanterie commençoit à dé-
filer sur un pont qu'on avoit jetté.

Bonnivet que son devoir & son courage avoient placé à l'arriere - garde,
y soutint quelques-tems les efforts des
Confédérés. Une blessure considérable,
& peut-être aussi la crainte de tomber
entre les mains du Connétable, le détermina à s'aller mettre à couvert, au-
delà du Pont. Baïard chargé par cette
retraite du salut de la Gendarmerie qui
s'étoit sacrifiée au reste de l'armée, le
procura par des prodiges de hardiesse
& de constance. Il ouvrit à cette géné-
reuse Noblesse le chemin de la France,
aussi-bien qu'à l'Infanterie ; mais il lui
en coûta la vie. Blessé à mort dans cette action par un coup de mousquet,
dont on se servoit alors pour la premiere fois, il se fit descendre de cheval,
&

& mettre au pied d'un arbre. C'eſt-là
que le viſage tourné du côté de l'ennemi, regardant la croix de ſon épée,
& après s'être confeſſé par humilité à
ſon Maître-d'Hôtel, il attendoit la fin
de ſa deſtinée. Bourbon qui pourſui-
voit les fuyards , paſſa devant lui, &
s'attendrit ſur ſon ſort. *Je ne ſuis point
à plaindre, Monſieur*, lui dit ce brave
homme avec une noble fierté, *je meurs
en faiſant mon devoir; c'eſt de vous
qu'il faut avoir pitié , en vous voyant
armé contre votre Patrie, votre Roi,
vos amis, votre ſerment, votre honneur, & vos intérêts.* Peſcaire le plus
grand ennemi des François ; mais l'a-
mi de tous les gens de mérite, n'eût
pas été plutôt inſtruit du malheur arrivé à Baïard qu'il accourut à lui, & ne
le quitta pas qu'il n'eût rendu le dernier ſoupir. Nous avons perdu, dit-il
alors , le véritable modele d'un grand
homme, & les François un grand Ca-

pitaine. Il mourut comme tous ses an-
cêtres. Son trisayeul avoit été tué sous
le Roi Philippe de Valois à la bataille
de Crecy : son bisayeul à la bataille de
Poitiers sous le Roi Jean : son ayeul à
la bataille d'Azincourt sous le Roi
Charles VI ; & son pere à la bataille
de Montlheri sous Louis XI.

La nouvelle de la mort de Baïard,
portée aux François y causa une déso-
lation générale. Les Officiers, les Gendarmes, les soldats s'attroupoient & se
confondoient ensemble, comme réunis
par le même sentiment de douleur : ils
avoient tous perdu un pere, un ami,
un bienfaiteur. Quelques-uns emportés
par leur zele ou leur reconnoissance,
allerent se rendre aux Confédérés pour
avoir la consolation de revoir encore le
Chevalier : mais l'ennemi touché d'u-
ne résolution si héroïque se joignit à
leurs regrets, & voulut qu'ils fussent
libres. Ses amis envoyerent demander

son corps au vainqueur : la générosité de Pescaire avoit prévenu leurs soins ; on l'avoit déja embaumé, & il leur fut remis pour être porté à Grenoble sa Patrie. Le Duc de Savoye ordonna qu'il recevroit dans ses Etats tous les honneurs qu'on rend à des Souverains, & que sa Noblesse l'accompagneroit jusques sur la frontiere. Les peuples du Dauphiné vinrent l'y recevoir & le conduisirent parmi des gémissemens & des pleurs jusqu'à la Capitale de la Province. Il y fut enterré sous une tombe simple, sans ornement & sans inscription, sépulture convenable à sa modestie, & assez décorée par son souvenir.

L'histoire est pleine des actions héroïques de cet homme singulier. Une des premieres est de 1500. Un parti François ayant rencontré un parti Italien, le poussa vivement. On étoit si animé de part & d'autre, que les uns ne s'appercevoient presque pas qu'ils reculoient, ni les autres qu'ils avançoient. Les deux troupes étant arrivées aux portes de Milan, un Gendarme François cria d'une voix forte : *tourne, homme d'armes, tourne :* mais Baïard transporté du plaisir de vaincre fut sourd à ces cris répétés, & entra au galop dans la Ville, comme s'il eût voulu, dit son Historien, emporter seul cette Capitale. Les soldats, le peuple, tout jusqu'aux femmes, se jetta sur lui : mais le brave Cajazze que sa valeur avoit toujours tenu à portée de ses coups, le fit couvrir par ses hommes d'armes, & le reçut prisonnier. Cajazze le conduisit dans sa maison dont il le rendit le maître, & alla ensuite au souper du Prince, où il parla avec admiration du Chevalier. Ludovic si défiant, si artificieux avec les Souverains, étoit souvent ouvert & magnanime avec les hommes : il avoit

vû des fenêtres de son Palais les actions
du brave François ; il demanda à l'entretenir & voulut connoître son caractere.

Mon Gentilhomme, lui dit le Duc ,
*qui vous a conduit ici ? L'envie de
vaincre , Monseigneur*, répondit Baïard. *Et pensiez - vous prendre Milan
tout seul ? Non*, repartit le Chevalier ;
*mais je croyois être suivi de mes Ca-
marades. Eux & vous*, ajoûta Ludovic , *n'auriez pû exécuter ce dessein.
Enfin*, dit Baïard, qui ne pouvoit dis-
convenir de sa témérité, *ils ont été plus
sages que moi : ils sont libres , & me
voici prisonnier ; mais je le suis de
l'homme du monde le plus brave & le
plus généreux.* Le Prince lui demanda ensuite d'un air de mépris quelle
étoit la force de l'armée Françoise.
Pour nous, dit Baïard, *nous ne comp-
tons jamais nos ennemis : ce que je puis
vous assurer , c'est que les soldats de*

mon Maître font gens d'élite, devant lefquels les vôtres ne tiendront pas. Ludovic piqué d'une franchife fi hardie, répliqua que les effets donneroient une autre opinion de fes troupes, & qu'une bataille décideroit bientôt de fon droit & de leur courage. *Plût-à-Dieu,* s'écria Baïard, *que ce fût demain pourvû que je fuffe libre. Vous l'êtes,* repartit le Duc; *j'aime votre fermeté & votre courage, & j'offre d'ajoûter à ce premier bienfait tout ce que vous voudrez exiger de moi.* Baïard pénétré de tant de bonté fe jette aux genoux du Prince, le prie de pardonner en faveur de fon devoir, ce qu'il y avoit de hardi dans fes réponfes, demande fon cheval & fes armes, & retourne au camp publier la générofité de Ludovic, & fa reconnoiffance.

La fortune & fa vertu le mirent fouvent en occafion d'infpirer ce dernier

sentiment, à Bresse sur-tout en 1512.
Cette Ville s'étant révoltée contre les
François qui en étoient les maîtres depuis la bataille d'Aignadel , elle fut
saccagée avec une fureur qui a peu
d'exemples. Baïard qui avoit été blef-
sé au commencement de l'action , fut
porté chez des gens de qualité , qu'il
raffûra par ses discours , & par la précaution qu'il prit de placer à leur porte
deux soldats qu'il dédommagea par un
don de huit cens écus du sacrifice
qu'ils lui avoient fait en ne pillant pas.
Lorsque l'impatience de joindre l'armée, plutôt que sa guérison, qui n'étoit
qu'imparfaite , eût déterminé le Chevalier à partir ; la Maîtresse de la maison se jetta à ses genoux : « Le droit
» de la guerre, lui dit-elle , vous rend
» le maître de nos biens & de nos vies,
» & vous nous avez sauvé l'honneur.
» Nous espérons pourtant de votre gé-
» nérosité que vous ne nous traiterez

» pas avec rigueur, & que vous vou-
» drez bien vous contenter d'un pré-
» fent plus proportionné à notre fortu-
» ne qu'à notre reconnoiffance. » Elle
lui préfenta en même-tems une boëte
remplie de ducats d'or. Baïard la regarda en fouriant, & demanda enfuite
combien il y en avoit. « Deux mille
» cinq cens, Monfeigneur, répondit
» la Dame en tremblant : mais fi vous
» n'êtes pas content, nous ferons nos
» efforts pour en trouver davantage.
» Non, Madame, dit le Chevalier,
» je ne veux point d'argent : les foins
» que vous avez pris de moi font bien
» au-deffus des fervices que j'ai pû
» vous rendre. Je vous demande votre
» amitié, & vous conjure d'accepter
» la mienne. » Une modération fi rare
caufa plus de furprife que de joie à la
Dame : elle fe jetta de nouveau aux
pieds du Chevalier, & lui dit qu'elle
ne fe releveroit point qu'il n'eût accep-

té cette marque de sa gratitude. « Puis-
» que vous le voulez , reprit Baïard,
» je ne vous refuserai point: mais ne
» pourrai-je pas avoir l'honneur de sa-
» luer vos filles. » Dès qu'elles furent
arrivées , il les remercia de leur attention à lui faire compagnie & à l'amufer. « Je voudrois bien , ajoûta-t-il ,
» vous témoigner ma reconnoiffance :
» mais les gens de guerre ont rarement
» des bijoux convenables aux perfon-
» nes de votre fexe. Madame votre
» mere m'a fait préfent de deux mille
» cinq cens ducats, je vous en donne à
» chacune mille pour vous aider à vous
» marier. Je deftine les cinq cens au-
» tres aux Religieufes de cette Ville ,
» qui ont été pillées , & je vous prie
» d'en faire la diftribution. »

Ce trait de générofité préparoit Baïard à une action plus glorieufe & plus
difficile. Il apperçut à Grenoble l'hi-
ver fuivant une jeune perfonne d'une

beauté parfaite. Tout ce qu'il apprit de sa naiſſance & de ſa ſituation, lui laiſſant croire qu'il pouvoit donner une liberté entiere à ſes deſirs, il les conſia à ſon Valet de Chambre. Ce Domeſtique trouva dans ſa commiſſion plus de préjugés à ſurmonter que de véritables ſentimens d'honneur à vaincre, il gagna la mere, & il lui fut permis d'emmener la fille; elle ſuivit ſans grande réſiſtance ſon conducteur, parce qu'elle comptoit beaucoup ſur la probité du Chevalier. « Monſeigneur, lui » dit-elle, en tombant à ſes pieds, & » en verſant un torrent de larmes, vous » ne déshonorerez pas une malheureuſe » victime de la miſere, dont votre » vertu devroit vous rendre le défen- » ſeur. » Ces mots toucherent Baïard. « Levez-vous, lui dit-il, ma fille, » vous ſortirez de ma maiſon auſſi ſage, » & plus heureuſe que vous n'y êtes » entrée. » Sur le champ il la condui-

sît dans une retraite sûre, & le lendemain il fit appeller la mere ; après lui
avoir fait les reproches qu'elle méritoit, il lui donna six cens francs pour
marier sa fille à un honnête homme,
qui consentoit de l'épouser avec cette
dot. Il ajoûta cent écus pour les ha-
bits, & les frais de la cérémonie. *C'est
ainsi*, dit l'Auteur de sa Vie, *que le
bon Chevalier changea de vice à vertu.*

Il lui étoit aussi très-ordinaire d'augmenter sa réputation jusques dans les
occasions où sa nation perdoit la sienne ; & la déroute de Guinegate si hon-
teuse en 1513. pour les François qui
se laisserent vaincre sans combattre,
tourna à sa gloire. Son courage qui n'a-
voit pas besoin d'être soûtenu par l'e-
xemple, & qui ne dépendoit pas des
évenemens, ne lui permit pas de fuir
avec les autres. Il soûtint fort long-
tems avec quelques hommes aussi déterminés que lui les efforts de plusieurs

corps très-confidérables. Forcé de fe rendre, il le fit d'une maniere également fage & hardie. Il apperçut de loin un Gendarme richement armé, qui voyant qu'il n'y avoit point de péril, & dédaignant de faire des prifonniers, s'étoit jetté au pied d'un arbre pour fe repofer, & avoit quitté fon cafque. Il pique droit à lui, faute de fon cheval, & lui appuyant l'épée fur la gorge : *Rends-toi homme d'armes,* lui dit-il, *ou tu es mort.* L'Anglois imaginant qu'il eft furvenu du fecours aux François, fe rend fans réfiftance, & demande le nom du Vainqueur. *Je fuis,* répondit-il d'un ton plus adouci, *le Capitaine Baïard qui vous rend votre épée avec la fienne, & qui fe fait auffi votre prifonnier.*

Quelques jours après le Chevalier voulut s'en aller : *Et votre rançon,* dit le Gendarme ; *Et la vôtre,* répondit Baïard, *je vous ai pris avant de me rendre à vous, & j'avois reçu votre parole lorsque vous n'aviez pas encore la mienne.* L'avanture étoit si extraordinaire que les Rois d'armes ne l'avoient pas prévûe, & le cas si difficile qu'ils n'oserent prononcer. On convint de s'en rapporter à l'Empereur & au Roi d'Angleterre : ils déciderent que les deux Prisonniers étoient mutuellement quitte de leurs promesses : mais Henri ajoûta que Baïard qui avoit vû leur camp & leurs travaux, seroit obligé de faire un voyage de six semaines dans les Pays-Bas, avant de rejoindre son armée. Ce Prince avoit une vûe plus étendue, que de priver pendant ce tems-là les François des lumieres, & de la valeur d'un de leurs meilleurs Officiers : il méditoit de se l'attacher ; mais les offres, les caresses, les éloges même des esprits séduisans qu'il chargea de cette négociation, n'obtinrent rien, & ne pouvoient rien obtenir.

Toutes les actions du Chevalier Baïard partoient d'une ame simple, noble & sensible. Il réunissoit les qualités qui gagnent les hommes, la douceur, la franchise, le désintéressement, la générosité. Ces vertus lui procurerent la confiance générale, distinction plus flatteuse que toutes celles que peuvent donner le crédit ou les grandes places. Content de cette espece d'empire qu'il avoit sur les cœurs ; il n'en brigua jamais d'autre ; & il ne se plaignît jamais de la Cour, quoiqu'elle ne rendît pas justice à ses services, & qu'elle les avouât sans les récompenser. Comme les qualités du cœur portées à un degré éminent donnent plus de considération que les titres : il eût plus d'autorité qu'aucun Capitaine de son tems : ses Compagnons accorderent souvent à ses prieres, ce qu'ils avoient refusé à l'autorité de leurs Chefs. Sa réputation faisoit naître l'émulation sans exciter

l'envie ; & nous devons remarquer à
l'honneur de son siecle, que les Généraux qui sont si aisément jaloux des subalternes ne le furent point de lui, tout
instruits qu'ils étoient qu'on attribuoit
à ses conseils, & à sa valeur la plus
grande partie de leurs succès. Quoiqu'il sut la guerre, comme ceux qui
de son tems la savoient le mieux, il dut
sa réputation à une intrépidité auda-
cieuse & brillante, qui déconcertoit
les arrangemens des Guerriers métho-
diques. La passion qu'il avoit pour les
combats n'étouffoit pas en lui l'amour
de l'humanité. Sa maxime favorite
étoit que la force des armes ne devoit
être employée que pour rétablir l'équité,
& non pour exercer des vengeances ou
des barbaries. Sans fortune il étoit généreux à l'excès ; mais il l'étoit à propos ; & ses libéralités servoient toûjours de récompense à une action loua-
ble, ou d'encouragement à une vertu.

L'histoire ne lui reproche pas d'avoir jamais rien dit ni rien fait de blâmable, quoique tous les Historiens contemporains aient souvent & long-tems parlé de lui. Il mérita avant trente ans, & porta jusqu'au tombeau le surnom de *Chevalier sans peur & sans reproche* ; qualification honorable, qu'on n'accordoit alors qu'à des hommes supérieurs qui joignoient l'honneur & la probité à la plus haute valeur & aux talens militaires.

La mort de Baïard, & la déroute de l'armée de Bonnivet, étendirent les vûes d'une partie des Confédérés. Le Pape, les Venitiens, & Sforce, se voyant trop heureux d'avoir chassé les François de l'Italie, vouloient, il est vrai, qu'on se contentât de ce succès : mais on aima mieux se passer de leur secours que d'adopter leurs idées. Bourbon avoit proposé & fait goûter une irruption en France. Le projet de ce
fameux

fameux Rebelle, étoit de traverser le
Dauphiné sans s'attacher à aucun siége, de marcher droit à Lyon, Ville
foible, & où il avoit des intelligences, de pénétrer ensuite dans le Forès,
& les autres Provinces de son patrimoi-
ne, où il s'assûroit que la Noblesse qui
l'aimoit l'aideroit de son épée, & que
les peuples qui étoient mécontens, lui
fourniroient des vivres : il eût passé
de-là sans obstacle dans le centre du
Royaume, & fait courir à la Monarchie un des plus grands périls où elle
se fût jamais trouvée. Ce plan étoit
brillant & solide en même-tems. Cependant il ne fut goûté ni par l'Empereur ni par le Roi d'Angleterre. Ils
craignirent que si le Connétable, qui
étoit & devoit être mécontent de sa situation, pénetroit trop avant, il ne
s'accommodât, & ne livrât peut-être
l'armée Imperiale. Cette considération les détermina à lui envoyer ordre

de porter la guerre en Provence.

Il y entra par le Comté de Nice, à la tête d'environ dix-huit mille hommes, & s'empara sans de grands efforts d'Antibes, de Frejus, de Grace, de Brignoles & d'Aix. Peut-être eût-il été sage de continuer à se rendre maître des petites Villes pour enrichir les troupes sans les exposer, & de détruire par force ou par adresse ce qui restoit de l'armée Françoise avant qu'elle eût reçû ses renforts : alors la Ville de Marseille qui auroit vû l'ennemi maître de la Province, & qui n'auroit pû compter sur aucun secours, se seroit, selon les apparences, rendue sans résistance. Ce raisonnement du Connétable ne plût pas au Marquis de Pescaire, qui partageoit avec lui l'honneur du commandement, & qui avoit encore plus d'autorité. Comme il avoit eu toûjours mauvaise opinion de cette expédition, & qu'il persistoit à croire que l'issue en seroit funeste, il pensoit qu'on ne pouvoit trop-tôt s'assûrer d'un Port pour la retraite ou pour les secours qui viendroient d'Espagne. Les craintes bien ou mal fondées prévalurent sur tout ce qu'on y opposa, & le siége de Marseille fut commencé le 19 Août 1524.

On se flattoit que les Bourgeois effrayés par l'effet de l'artillerie, & dans la crainte du pillage, forceroient la garnison à capituler : leur autorité, leur courage, leur fermeté détruisirent ces espérances, & déterminerent les assiégeans à attacher le mineur à la muraille. Ce nouveau genre d'attaque étoit plus terrible, & ne parut pas plus redoutable. On montra pour découvrir les mines le zele qu'on avoit montré pour réparer les bréches. Les femmes même les plus distinguées de la Ville, concoururent à la défense commune avec tant d'ardeur, que les com-

tremines qui furent faites à cette occafion furent appellées la tranchée des
Dames.

Dans le défefpoir de réuffir par la
force ouverte, les affiégeans eurent recours à la rufe, ils parvinrent à faire
entrer dans la Ville des hommes choi-
fis qui devoient profiter du trouble d'un
affaut prémédité, pour mettre le feu à
divers quartiers. Ces foldats qui ne
pouvoient pas communiquer avec le
camp, prirent mal leurs mefures; ils
furent découverts & pendus à la vûe
de l'armée. Pour prévenir de nouvelles furprifes, on ordonna qu'il y auroit
la nuit des lumieres à toutes les fenêtres.

Bourbon, chagrin des longueurs du
fiége, parut plus déterminé que jamais
à fortir heureufement de fon entreprife
ou à y périr avec gloire. Dans cette
idée il s'expofoit aux plus grands périls,
& fe confoloit en attendant l'effet de

sa fortune par l'applaudissement que le soldat donnoit à sa valeur. Les difficultés en se multipliant, lui ravirent même cette consolation. En vain il se trouvoit sans cesse aux batteries & aux tranchées ; on se plaignoit d'une résistance , qu'il ne pouvoit empêcher , sans lui tenir compte de ce qu'il entreprenoit pour la vaincre. Bientôt il ne fût plus regardé que comme un traître à sa Patrie , dont il étoit affreux de servir la haine & le désespoir.

Le Marquis de Pescaire autorisoit cette conduite par son silence, & peut-être en étoit le premier mobile par les ressorts secrets qu'il faisoit agir. Un projet qu'il avoit si hautement blâmé excitoit son mépris & souvent ses railleries. Un jour entr'autres , un boulet de canon ayant tué dans sa tente deux Gentilshommes , & un Prêtre qui y disoit la Messe ; & le Duc de Bourbon qui étoit accouru au bruit que faisoit cet accident, demandant ce que c'étoit : Ce sont, Monsieur, lui dit-il, les Consuls de Marseille qui viennent vous en apporter les clefs. Faisant allusion à ce que ce Prince avoit dit au commencement du siége sur la facilité de prendre la Ville.

Tandis que l'armée Imperiale dépériffoit en Provence, François Premier assembloit ses forces. L'avantage qu'il pouvoit s'en promettre eût été médiocre, si les Espagnols en se jettant dans la Guienne, & les Anglois dans la Picardie l'avoient forcé à les diviser. Ce projet dont l'exécution pouvoit aisément entraîner le démembrement de la Monarchie, n'avoit pas eu lieu parce que les premiers avoient manqué d'argent, & que les autres avoient craint les Ecossois. Ces contre-tems tinrent lieu à François de politique, & lui permirent de mener lui-même toutes ses troupes à la défense de la seule de

ſes frontieres qui fut attaquée. Bourbon & Peſcaire ſavoient trop la guerre
pour attendre une armée de quarante
mille hommes ; ils décamperent après
quarante jours de ſiége, & avant qu'on
pût les joindre ou leur couper la retraite.

Il y avoit certainement des raiſons
pour pourſuivre les Imperiaux, & des
raiſons pour ne les pourſuivre pas. D'un
côté ils étoient découragés, leur armée
étoit ruinée, l'Italie étoit ſans défen-
ſeurs : il falloit ou renoncer tout-à-fait
au Milanès, ou ſaiſir l'occaſion qui ſe
préſentoit de le recouvrer. D'autre
côté la ſaiſon étoit trop avancée pour
faire des conquêtes ; on ne pouvoit pas
compter ſur une Infanterie toute compoſée de Suiſſes ou de Lanſquenets qui
pouvoient ou ſe laiſſer corrompre ou ſe
rebuter ; le Royaume reſteroit expoſé
aux irruptions qu'y pourroient faire les
Anglois, les Flamans, & les Eſpagnols,

H iiij

François ne prit pas la peine de balancer les avantages & les inconvéniens des deux partis qu'on pouvoit
prendre. Toûjours emporté par les
moindres profpérités plus loin que la
prudence & l'incertitude des évenemens ne fembloient devoir le permettre, il fe livra fans réfiftance & fans
reflexion à Bonnivet, quoiqu'il eût
pour lui moins d'eftime que de goût.
« Ce fut lui feul, dit Brantome, qui
» confeilla au Roi de paffer les Monts,
» & fuivre M. de Bourbon ayant laiffé
» Marfeille, non tant pour ce bien &
» fervice de fon Maître, que pour aller
» revoir une grande Dame de Milan,
» & des plus belles qu'il avoit fait pour
» maîtreffe quelques années devant, &
» en avoit tiré plaifir, & en vouloit
» retafter. J'ai oui dire ce conte à une
» grande Dame de ce tems-là, & mê-
» me qu'il avoit fait cas au Roi de
» cette Dame, qu'on dit que s'appel-

» loit la Signora Clarice , pour lors
» eſtimée des plus belles d'Italie , &
» lui en avoir fait venir l'envie de la
» voir & coucher avec elle ; & voilà
» la principale cauſe de ce paſſage du
» Roi qui n'eſt à tous connue. »

Comme le ſuccès de cette entrepriſe
dépendoit abſolument de la diligence ,
parce que le Milanès étoit ſans troupes,
les Imperiaux hâtoient leur marche
pour le couvrir , & les François la leur
pour les prévenir.   Les deux armées
arriverent le même jour ; la premiere
en cotoyant la mer à Albe dans le
Montferrat ; & la ſeconde à Verſeil
par le Mont - Cenis : juſques - là tout
étoit égal : mais les Imperiaux ayant
fait quarante mille le lendemain pour
joindre Lannoi à Pavie, ils ſe trouverent en état de prendre le parti qui leur
paroîtroit le plus convenable.   La dé-
ſenſe de la Capitale fut d'abord réſolue.
Cependant tout bien examiné , à Milan

même, on désespera de se maintenir dans un lieu où la peste venoit d'enlever une partie des habitans, & de réduire l'autre à la misere qui suit ordinairement ce terrible fleau. On se contenta de jetter dans le Château des troupes capables de s'y défendre, & on sortit de la Ville par la Porte Romaine, dans l'instant même que les François se présentoient à la porte du Tesin.

L'armée Imperiale étoit perdue sans ressource, si elle eût été poursuivie un peu vivement: Sa retraite se faisoit avec une précipitation qui n'étoit guere différente d'une fuite. Les troupes épuisées par les travaux du siége de Marseille, fatiguées par des marches longues & continuelles, affoiblies par la dissenterie & d'autres maladies, sans vivres, sans munitions, la plûpart même sans armes, n'étóient pas en état de soutenir l'attaque d'un ennemi dont le moindre des avantages étoit la supériorité du nombre. Cette armée, la seule ressource du Milanès, une fois dissipée ou ruinée, c'étoit une nécessité pour ce beau Duché de subir sans différer le joug du vainqueur.

Ces observations étoient sensibles, cependant on ne les fit pas, & le malheur de la France voulut qu'on crût devoir, avant toutes choses, s'assûrer de Milan. Les gens qui savoient la guerre, avoient autrefois blâmé Bonnivet de n'avoir pas profité de la consternation du Milanès pour se rendre maître de la Capitale. François ne voulut pas qu'on put lui faire le même reproche : mais les circonstances n'étoient plus les mêmes. Le favori avoit eu besoin des murailles de Milan pour se défendre contre Colonne, qui lui étoit fort supérieur, & qu'il ne pouvoit ni éviter ni vaincre en pleine campagne. Le Roi au contraire plus fort que ses ennemis devoit les poursuivre pour les battre, bien affûré qu'une Ville confternée & privée de tout efpoir de fecours ne lui oppoferoit aucune réfif- tance.

Quoiqu'il en foit, le tems que les François perdirent à Milan, les Imperiaux l'employerent à faire de très-bonnes difpofitions. Antoine de Leve fe chargea de défendre Pavie, Pefcaire fe fortifia dans Lodi, quelques autres Officiers tous excellens furent envoyés à Cremone, à Come, à Alexandrie; & Lannoy, le Connétable, & le Duc de Milan, camperent avec le refte des troupes à Soncino fur l'Oglio, pour régler leurs mouvemens fuivant le be-foin & les circonftances.

Les Imperiaux avoient fini leurs ar-rangemens, lorfque les François com-mencerent à délibérer fur le parti qu'ils avoient à prendre. On pouvoit ou dé-truire le camp de Soncino pour n'en être point inquiété, ou prendre Come.

pour ouvrir un chemin facile aux Suiſſes qu'on attendoit, ou forcer Lodi
pour jetter l'ennemi fort loin. Toutes
ces opérations paroiſſoient faciles aux
Généraux, & l'utilité en étoit éviden-
te. Bonnivet prétendit que pour s'aſſûrer de ces dernieres, il falloit aſſiéger
Pavie ; & cette Place fut auſſi-tôt in-
veſtie.

Antoine de Leve qui y commandoit, avoit autant de génie que de valeur, & plus d'expérience encore que
d'activité. Né dans un état obſcur, &
d'abord ſimple Soldat, il étoit parve-
nu au commandement par d'utiles découvertes, & une ſuite d'actions la
plûpart hardies & toutes heureuſes. Un
extérieur bas, ignoble même, ne lui
ôtoit rien de l'autorité qu'il devoit
avoir, parce qu'il avoit le talent de la
parole, & une audace noble à laquelle
les hommes ne réſiſtent pas. Ce qu'il
y avoit d'inquiet, d'auſtere, & d'un

peu barbare dans son caractere, étoit
corrigé ou adouci, selon les occasions,
par son ambition qui étoit vive, forte,
& éclairée. Il ne connoissoit de la religion & de la probité que les apparences. Sa fortune, & la volonté ou les
intérêts du Prince, étoient pour lui la
suprême loi.

Les talens & les ressources d'un Officier aussi distingué rendirent long-tems
inutiles les efforts que faisoient les
François pour prendre la place, &
tournoient contr'eux jusqu'aux avantages qu'ils avoient pour y réussir. Le
désespoir & la honte de voir tous leurs
desseins prévenus ou ruinés, les conduisirent à vouloir détourner le Tesin de
devant Pavie. Cette riviere se partage
à une lieue au-dessus de cette Ville, en
deux parties inégales, qui se réunissent
à une lieue au-dessous avant de se jetter dans le Pô. Bonnivet crut pouvoir
réussir à couper la plus considérable,

qui baigne les murs de Pavie, & à la faire entrer dans l'autre qui s'en écarte, & qu'on nomme le Graveloné. Il comptoit qu'en la mettant ainſi à ſec, il viendroit aiſément à bout de prendre la Place, qui de ce côté-là n'étoit défendue que par la profondeur des eaux. Trois ſemaines entieres s'écoulerent dans cette entrepriſe qui coûta beaucoup de monde & de dépenſe : mais lorſque les Aſſiégés commençoient à craindre quelque choſe, & les aſſiégeans à eſpérer beaucoup, la riviere groſſie par des pluies abondantes, & par la fonte des neiges, entraîna les digues élevées pour détourner ſon cours.

Cet évenement avoit été précédé, & fut ſuivi de pluſieurs autres ſi malheureux qu'après deux mois de ſiége, on n'étoit guere plus avancé que le premier jour. Cependant l'armée diminuoit tous les jours par le feu continuel

de la Place, les maladies contagieuses,
les fréquentes défertions, les rigueurs
de la faifon, le défaut de vivres ; fur-
tout par les allarmes continuelles que
donnoient les forties fréquentes, &
bien conduites d'Antoine de Leve, &
les mouvemens des Généraux Imperiaux qui avoient raffemblé leurs troupes.

François, malgré tant de raifons
d'abandonner le fiége, s'y opiniâtra.
Ayant promis à une Dame qu'il aimoit
d'être à Lyon au commencement de
Mars, vainqueur de fes ennemis, il ne
pouvoit fe réfoudre à paroître devant
fa Maîtreffe après avoir échoué dans la
premiere entreprife qu'il avoit formée.
Le murmure du foldat, & les repréfen-
tations des Chefs auroient pû furmonter peut-être cette ridicule répugnance :
mais il y étoit malheuréufement affermi par Bonnivet, qui avoit dit qu'il
mourroit devant la Place, ou qu'il la
prendroit.

prendroit. Cet Amiral abusant du talent commun à la Cour de donner un tour odieux aux sentimens les plus louables, & aux actions les plus héroïques qu'on a intérêt de décrier, réussissoit à faire regarder par le Roi tous ceux qui cherchoient à l'éclairer, ou comme des hommes méchans qui vouloient le couvrir de honte, ou comme des hommes bornés qui ne voyoient pas dans l'avenir les moyens de réussir qui se présenteroient en foule. Le Maître avoit avec le Favori une telle conformité de caractere, qu'il croyoit comme lui qu'il suffisoit d'avoir le courage d'attendre le péril pour le vaincre ; & une confiance si aveugle en ses promesses qu'il attendoit tranquillement dans les plaisirs que Pavie lui ouvrît ses Portes.

Bourbon qui connoissoit la bonté de la Place, l'habileté du Gouverneur, les divisions des François, & l'incapacité de l'Amiral fur qui tout rouloit; avoit prévû ce qui arriva, & réglé fes démarches fur fes conjectures. Il favoit qu'on lui attribuoit les défaftres de la derniere campagne, & il connoiffoit trop les hommes pour efpérer qu'on rendît juftice à fa conduite, tant que les effets en feroient malheureux. Pour faire ceffer ces plaintes, il abandonna à Pefcaire & à Lannoy le foin des affaires d'Italie, & fe rendit à la Cour du Duc de Savoye fon ami partilier. Il ne réuffit pas feulement à le détacher des intérêts de la France, & à le déterminer à une alliance avec l'Empereur; il en obtint encore les fecours dont il avoit befoin pour aller lever des troupes en Allemagne où il trouva moins de facilité qu'il ne l'avoit efpéré.

Les Princes de l'Empire, quoique liés en quelque maniere d'intérêt avec Charles-Quint, ne voyoient pas fans inquiétude l'accroissement d'une Puissance énorme dont on pourroit abuser peut-être un jour pour les asservir. Ils n'osoient pas, à la vérité, s'opposer ouvertement aux entreprises de l'Empereur : mais ils souhaitoient vivement que le Roi de France pût réussir à se rendre maître du Milanès. Ces dispositions déterminèrent Bourbon à s'adresser à Fronsperg. Ce Gentilhomme à qui la connoissance des affaires d'Allemagne, & la confiance des gens de guerre donnoient dans toutes les parties de l'Empire une autorité presque indépendante, reçut avec empressement les ouvertures qu'on lui faisoit. Jaloux de la gloire de sa Nation, & fâché de la voir un peu obscurcie par les Suisses depuis un siecle, il trouvoit la cause de ce malheur dans la facilité qu'avoient les avanturiers Allemands de se ranger indifféremment sous toutes sortes de drapeaux. Un chef de la

naissance & de l'habileté du Connétable lui parut très-propre à redonner aux
troupes de son pays leur ancien orgueil,
& leur premiere réputation. Cette espérance le rendit si actif & si adroit
qu'en moins de trois semaines, il ramassa dix mille vieux soldats. Avec ce
Corps, & six mille hommes que le
Comte de l'Odron avoit faits dans le
Virtemberg, Bourbon rentra en Italie,
& y trouva les François qui se consu-
moient devant Pavie, où il les avoit
laissés en partant il y avoit quatre mois.

Ce Prince asservi jusqu'alors aux
caprices d'autrui, devint le maître des
opérations, parce que ses soldats étant
à lui, il étoit en état de rendre à son
gré des services, ou de se faire craindre. Il n'eut pas plutôt joint l'armée
Imperiale, qu'il fit arrêter qu'on mar-
cheroit aux François, lui à la tête des
Allemans, Lannoy des Italiens, &
Pescaire des Espagnols. Ce parti étoit

réellement fage, & plus fage qu'il ne
le paroiffoit peut-être d'abord. Une défaite ne faifoit que détruire une armée
qui, faute de paye, s'alloit diffiper
d'elle-même, au lieu qu'une victoire
fauvoit Pavie, délivroit le Milanès,
& ouvroit le chemin de la France.

La même politique qui faifoit fouhaiter une bataille aux Imperiaux devoit la faire craindre à leur ennemi.
Il n'avoit qu'à lever le fiége, prendre
un pofte où il ne put pas être attaqué,
temporifer quelques femaines ou même quelques jours, & il auroit vû dif-
paroître des troupes qu'on n'avoit re-
tenues dans Pavie, & à l'armée que
par l'efpérance d'une action décifive,
& du pillage d'un riche camp. Cette
retraite finiffoit la guerre, du moins la
campagne ; & les François fans tirer
l'épée, fe trouvoient maîtres d'un Duché confidérable, pour lequel ils avoient
tant de fois prodigué leur fang. Ces

confidérations, quoique fortifiées du fuffrage de tous les Généraux, ne changerent rien aux idées de gloire mal-entendue de François Premier. Ce Prince qui avoit confondu toute fa vie une fage retraite avec une fuite honteufe, & les démarches dictées par la prudence, avec celles qu'infpire la crainte, fe crut obligé à recevoir le combat : il fut battu par fa faute, & par les favantes manœuvres de fes ennemis.

La faute qu'il fit fut décifive. Son artillerie admirablement poftée & fervie avec toute la vivacité poffible par Gaillot de Genouillac, tira d'abord avec un fi grand fuccès fur les Imperiaux que chaque volée en emportoit une file entiere. L'Infanterie Efpagnole ne pouvant réfifter à ce feu terrible, fe débanda avec précipitation, & en défordre pour s'aller mettre à couvert dans un chemin creux. Un commen-

cement si heureux éblouit François.
Croyant la victoire sûre & voulant en
avoir l'honneur, il sortit de ses retranchemens pour achever à ce qu'il pensoit la déroute. Ce mouvement ayant
placé le Prince entre l'artillerie & les
fuyards, rendit le canon inutile. Dès-
lors le combat se rétablit, & la victoire
se déclara ensuite pour le parti qu'on
avoit cru quelque-tems vaincu.

La défaite des François vint sur-tout
de leur Gendarmerie qui avoit passé
jusqu'alors pour la meilleure de l'Europe, & qui dans cette journée ne soûtint pas tout-à-fait sa réputation. Elle
fut vaincue & presque détruite par deux
mille Basques d'une agilité merveilleu-
se, qui se séparant par pelotons de dix,
de vingt, de trente hommes, l'atta-
querent avec une vivacité, & une
adresse très - redoutable. Ils faisoient
une décharge pour disparoître ensuite,
& revenoient à l'improviste pour dispa-

roître encore. On prétend qu'Antoine de Leve avoit dreſſé depuis quelque-tems ces Arquebuſiers à combattre par pelotons entre les eſcadrons de la Cavalerie Eſpagnole, & qu'il avoit emprunté cet uſage des Grecs. Les Généraux qui depuis ce tems-là s'en ſont ſervis le plus ſavemment, ſont l'Amiral de Coligni, Henri IV. le Grand Guſtave, Wéimar, Montroſe, & M. de Turenne en 1674. à Svitzin, & à Ensheim.

Un ſtratagême de Peſcaire contribua encore beaucoup au ſuccès de cette journée. Ce Général s'étant approché du camp ennemi un peu avant le commencement du combat rentra dans le ſien pour y annoncer que le Roi de France venoit de faire publier dans ſon armée une défenſe ſous des peines capitales de faire quartier à aucun Eſpagnol. Cette nouvelle quoique fauſſe, fût crue de ſi bonne foi, & fit des impreſſions ſi fortes que preſque tous les Imperiaux jurerent de n'accorder la vie à aucun des François, & de plutôt mourir que de ſe rendre. Ce ſerment eût les ſuites terribles qu'il devoit avoir ; il rendit l'Eſpagnol invincible dans l'action & féroce après la victoire.

Il n'y a guere de bataille plus célébre dans l'hiſtoire que celle de Pavie. Les vaincus y perdirent huit ou dix mille hommes, Bonnivet, la plûpart des Officiers conſidérables, & le Milanès entier. Cependant ces évenemens ſont ſi communs à la guerre, qu'on en auroit preſque perdu le ſouvenir, s'ils ne s'étoient trouvés liés au malheur de François I. Ce Prince, après avoir fait tout ce qu'on pouvoit attendre de l'homme du monde le plus intrépide, fut forcé de ſe rendre ; mais il ne voulut ſe rendre qu'au Viceroi : *Monſieur de Lannoy*, lui dit-il en Italien, *voilà l'épée d'un Roi qui mérite d'être loué, puisqu'avant de la perdre, il s'en est servi pour répandre le sang de plusieurs des vôtres, & qu'il n'est pas prisonnier par lâcheté, mais par un revers de fortune.* Lannoy se mit à genoux, reçut avec respect les armes du Prince, lui baisa la main, & lui présenta une autre épée, en disant : *Je prie Votre Majesté d'agréer que je lui donne la mienne qui a épargné le sang de plusieurs des vôtres. Il n'est pas convenable à un Officier de l'Empereur de voir un Roi désarmé, quoique prisonnier.*

La crainte qu'on eut que les Lansquenets, qui depuis long-tems n'avoient point reçu de solde, ne pensassent à se saisir de François, pour en avoir la rançon, fit prendre la résolution de le conduire au Château de Pisigithoné. Il y fut traité en Roi. Lannoy avoit pour lui le plus grand respect, Pefcaire une admiration fans bornes ; & Bourbon une foumiffion approchante du repentir. Toute l'armée prenoit à ce Prince un vif intérêt qui étoit la plus grande confolation qu'il pût recevoir dans l'état où il fe trouvoit. Un foldat Efpagnol le lui témoigna d'une maniere finguliere : J'avois fondu, la veille de la bataille, lui dit-il, une balle d'or pour Votre Majefté, & fix d'argent pour les principaux Seigneurs qui combattroient à fes côtés. Il ne m'eft refté que la vôtre que je n'ai pas trouvé l'occafion d'employer. Je vous conjure, Sire, de l'accepter pour faire partie de votre rançon. Le Roi reçut avec bonté ce préfent, loua celui qui le faifoit de fa franchife, & le remercia de fa générofité. Ce trait avoit été précédé d'un autre qui me paroît mériter de paffer à la poftérité. Un foldat François, dont l'hiftoire auroit dû conferver le nom, donna cent

écus à un Garde pour obtenir la per-
miſſion d'approcher du Roi priſonnier,
& de lui ôter ſes bottes qu'il avoit encore long-tems après le combat. Le
Prince fut extrêmement touché de
cette attention, & il conçut pour ce
ſoldat une eſtime qui procura ſon élévation.

Les Imperiaux commençoient à peine à jouir de la tranquillité qui ſuit la
victoire, lorſque des mouvemens leur
firent craindre que quelques Puiſſances
voiſines ne penſaſſent à délivrer leur
Priſonnier. Ces ſoupçons bien ou mal
fondées, firent arrêter qu'on le con-
duiroit dans le Royaume de Naples.
Peſcaire jaloux de montrer à ceux de
ſon pays le plus grand Roi de l'Europe, pris particulierement par ſa conduite & par ſa valeur, vouloit que ce
fût par terre. Bourbon qui craignoit
qu'une foible eſcorte ne laiſſât enlever
ce Prince, & qu'une trop forte n'ex-

poſât le Milanès, vouloit avec tous les Généraux que ce fût par mer. Lannoy qui répondoit de tout, ne ſavoit à quoi ſe réſoudre : il ſentoit que même dans ſa Vice-Royauté, Bourbon & Peſcaire, maîtres abſolus des troupes, le ſeroient du Roi, & il croyoit très-dangereux de commettre un dépôt ſi précieux à la foi de deux mécontens, dont l'un accuſoit publiquement l'Empereur de perfidie, & l'autre d'ingratitude.

Le Vice-Roi étoit dans cet état d'incertitude, le plus terrible de tous pour un homme de ſon caractere, lorſqu'il en fut tiré par un évenement des plus ſuprenans. Pour conſoler François I. dans ſa priſon, on l'avoit flatté que l'Empereur ſeroit ou aſſez généreux pour l'élargir ſans rançon, ou aſſez juſte pour n'exiger que des conditions raiſonnables. Les premieres propoſitions qu'on lui fit l'ayant détrompé, il imagina que s'il pouvoit aller lui-mê-

me en Espagne , il avanceroit plus les
affaires dans une entrevûe avec Charles-Quint , que les Ministres des deux
Cours , par des négociations de plusieurs années. Il se confirma dans son
opinion par l'habitude où il étoit de
juger des inclinations d'autrui par les
siennes ; & il la proposa au Vice-Roi
comme l'unique moyen de donner bien-
tôt la paix à la Chrétienté.

Lannoy charmé d'une ouverture que
quelques Historiens prétendent qu'il
fit le premier , y entrevit pourtant des
inconvéniens. Il craignoit d'un côté
que Bourbon & Pescaire n'approuvas-
sent pas une idée qui dérangeoit peut-
être leurs projets , & il n'osoit de l'autre éloigner des côtes d'Italie la flotte
Espagnole qui devenoit nécessaire au
transport du Roi prisonnier. Le Prince
applanit ces difficultés en ne laissant
rien échapper qui pût faire pénétrer
ses vûes par ceux à qui on auroit inté-

rêt de les cacher, & en fourniſſant ſes propres galeres pour le voyage. Il partit pour l'Eſpagne ; & lui qui avoit demandé de n'être pas conduit à Pavie après la bataille ne craignît point d'aller ſervir de ſpectacle à une nation fiere & dédaigneuſe.

L'Empereur qui ne fut inſtruit de cette réſolution qu'à l'arrivée du Roi même, diſſimula la joie qu'elle lui cauſa avec autant de ſoin qu'il avoit caché celle qu'il avoit reſſentie en apprenant le ſuccès de la journée de Pavie. L'Europe entiere avoit eu les yeux ſur lui, pour voir de quelle maniere il recevroit la nouvelle d'une ſi belle victoire, & toute l'Europe avoit été étonnée de la ſageſſe & de la modeſtie d'un jeune & puiſſant Prince, qu'aucun revers de fortune n'avoit accoûtumé à tant de modération. Il avoit pouſſé la feinte juſqu'à défendre des feux de joie : *Les Chrétiens*, avoit-il dit, *ne doivent se réjoüir que des victoires qu'on rem-porte sur les Infideles.* Charles conti-nua ce personnage jusqu'à ce qu'il con-vint à ses intérêts d'en prendre un au-tre. Alors il mit la liberté de François aux conditions les plus dures, les plus humiliantes, & pour lui ôter l'espéran-ce d'y faire rien changer, il déclara qu'il ne le verroit point jusqu'à ce que les prétentions respectives des deux Couronnes eussent été réglées. Cette dureté du Monarque inspira de l'orgueil aux Grands, ou les autorisa à le faire éclater. Ils prétendirent que le Roi de France devoit s'incliner en les saluant, au lieu de se découvrir seulement, ainsi qu'il étoit d'usage. Ils obtinrent à cette occasion, disent quelques His-toriens, qu'on diminueroit la hauteur de la porte de sa chambre, afin que se tenant en déçà, ils pussent s'attribuer l'inclination que le Prince seroit obligé de faire pour sortir : mais il confondit

leur

eur audace & leur adreſſe en ſortant à
reculons, & en leur préſentant le dos.
Ce trait de mépris que méritoient peut-
être ceux ſur qui il tomboit; mais qui
étoit certainement trop bas pour le
Prince qui ſe le permettoit, jetta dans
tous les cœurs un commencement d'aigreur qui augmenta dans la ſuite, &
qui éclata à l'occaſion d'un évenement
plus ſérieux.

Un des plus grands Seigneurs du
Royaume joüoit avec le Roi, & joüoit
malheureuſement. François plus ſenſi-
ble au gain que la généroſité ne permet
de l'être, & la bienſéance de le paroître, ſe livroit à une joie qui avoit quelque choſe d'inſultant. Il fit plus, il
quitta aſſez bruſquement le jeu, quoique l'Eſpagnol qui ſe montroit offenſé,
le priât d'un air froid de le continuer.
Alors le Grand perdant toute retenue,
jetta ſur la table la ſomme qu'il avoit
perdue, & dit inſolemment : *Tu as rai-*

son de garder cet argent, il servira pour ta rançon. Cet outrage mit le Prince dans une si violente colere qu'il donna à l'Espagnol un grand coup d'épée dont il mourut peu de jours après. La Cour entiere se mit en mouvement pour obtenir justice de cette violence. L'Empereur qui ne pouvoit la punir quand même il l'eût desiré, ne voulut pas la condamner : il répondit aux amis & aux parens du mort, que son insolence méritoit la punition qu'il avoit reçue, & qu'il auroit dû se souvenir qu'un Roi étoit Roi par tout.

La Nation oublia bien-tôt cette leçon importante, ou en profita mal. Elle autorisa long-tems par son assiduité, & par ses éloges une Comédie sur la bataille de Pavie, dans laquelle on voyoit le Roi de France terrassé par un Espagnol qui lui mettoit le pied sur la gorge, & qui l'obligeoit à lui demander la vie dans les termes les plus humilians. Cette indécente & ridicule farce fut joüée jufqu'à ce que Emeric Jobier de Barrault, Ambaffadeur de Henri IV. à la Cour de Philippe II. s'y étant trouvé par hafard, monta fur le théatre, & en préfence de tout le monde paffa fon épée au travers du corps du perfonnage qui infultoit fi cruellement François I.

Ce Prince que la politique de l'Empereur retenoit en Efpagne, & qui y fouffroit beaucoup de la hauteur des Grands, étoit d'un caractere trop vif & trop impatient pour foûtenir fes malheurs avec fermeté. Il fuccomba autant fous le poids de fa foibleffe que fous celui de fes revers ; & il fut atteint d'une maladie dangereufe. L'intérêt que Charles prenoit à la confervation d'une vie dont la fin ruinoit fes projets, lui fit faire des réflexions : il fe détermina enfin à voir fon prifonnier, & à effayer de lui rendre par les fauffes

promeffes d'une liberté prompte, l'efpérance & la fanté que trop de dureté
lui avoit ravies. Son Chancelier Gat-
tinara qu'il confulta fur cette réfolution, la défapprouva. Il foutint que
l'Empereur ne devoit pas voir le Roi
de France, ou qu'il devoit brifer fes
fers; parce qu'autrement cette civilité
pafferoit pour intéreffée, & que la poftérité auroit fujet de foupçonner d'a-
varice une action qu'il pouvoit rendre
la plus belle de fon regne en la faifant
par un motif de générofité. Ce langa-
ge tenu par le même homme qui, quelques mois auparavant, avoit été d'avis
de rendre la prifon de François perpé-
tuelle, parut à Charles une contradiction: il ne s'apperçut pas que les deux
confeils partoient d'un Miniftre porté
au grand, & qui n'ayant pû lui perfuader de recueillir tout le fruit qu'il pouvoit de fa victoire, vouloit du moins
l'engager à en tirer toute la gloire.

L'Empereur qui n'avoit pas eu la fermeté nécessaire pour se fixer au premier de ces deux partis, manqua du désintéressement qu'il falloit pour embrasser le second. Il suivit le plan qu'il s'étoit formé, d'abuser de la créduli é d. François pour lui persuader qu'il alloit être libre, dès que sa santé seroit rétablie. Cette promesse arracha ce Prince au tombeau, & l'arrivée de la Duchesse d'Alençon sa sœur, chargée de traiter de sa rançon lui rendit ses forces. Il en avoit besoin, non comme il l'avoit espéré pour prendre la route de ses Etats, mais pour soutenir encore les dégoûts & l'ennui de sa situation. A mesure que sa guérison avançoit, l'Empereur trouvoit des prétextes pour réculer la négociation ; convaincu qu'il arracheroit à l'impatience de son Prisonnier des sacrifices qu'il n'avoit pû obtenir de sa raison. François lassé de tant de délais, eut un mouvement de dépit qui pouvoit paroître un effort de vertu : il protesta qu'il étoit résolu de finir ses jours dans sa prison, & il donna à la Duchesse d'Alençon, qui repassoit les Pirenées, un acte signé de sa main, par lequel il remettoit le gouvernement du Royaume entre les mains du Dauphin son Fils aîné, & lui permettoit de prendre la Couronne.

L'Empereur qui avoit approfondi le caractere de son Prisonnier, ne fut que médiocrement allarmé de cette démarche : il la regarda ou comme une feinte concertée, à laquelle on n'auroit aucun égard en France, ou comme un trait de légereté qui seroit bien-tôt rétracté en Espagne. Pour savoir plus précisément à quoi s'en tenir, & pour avancer peut-être le dénouement d'une scene, qui au gré de l'Europe entiere, duroit trop long-tems, il fit joüer un ressort dont la force & la bonté lui étoient parfaitement connues.

Bourbon étoit paſſé d'Italie en Eſpagne pour veiller à ſes intérêts durant
les négociations qui commencerent
d'abord après la bataille de Pavie, &
dans leſquelles il prévoyoit bien que
ſes intérêts ſeroient diſcutés. Il avoit
été ſi mal reçu d'abord, que le Marquis
de Villane n'avoit conſenti à le loger
chez lui qu'en aſſûrant à l'Empereur
qu'il brûleroit ſon Palais dès que ce
Prince en ſeroit ſorti, ne pouvant ſe
réſoudre à occuper dans la ſuite une
demeure qu'un traître auroit ſouillée.
Dès qu'il fut devenu néceſſaire de donner de l'inquiétude aux François, on
commença à témoigner au Connétable
une conſidération extraordinaire. Charles feignît de vouloir tenir toutes les
paroles qu'il lui avoit données, & il
parut déterminé à commencer par lui
faire épouſer ſa ſœur.

Le Roi de France qui ne pouvoit
pas douter qu'il ne fût bien-tôt forcé

de rétablir Bourbon dans ses biens ;
fut effrayé du péril que couroit la Monarchie, si un Prince si puissant devenoit beaufrere de l'Empereur. Pour prévenir cet inconvénient, il demanda la Princesse pour lui-même, espérant que Charles qui s'opiniâtroit à se faire céder la Bourgogne consentiroit à la laisser à la France comme dot de la Reine Eléonore, & que cette difficulté, la seule qui éloignât la paix, étant applanie, la tranquillité se trouveroit rétablie presque d'elle-même entre les deux Nations.

Il eût été à souhaiter pour le bonheur de l'Europe, que l'Empereur eut eu assez de modération pour goûter ce tempérament. Malheureusement il persista à exiger la cession d'une Province sur laquelle il prétendoit avoir des droits, & comme & il l'avoit prévû, on eut la foiblesse de la lui abandonner. François ne mit qu'une condition à ce facrifice, c'eſt que ſa liberté précéderoit l'évacuation de la Bourgogne. Les Miniſtres Flamans peu éclairés, ou corrompus, comme on le publia depuis, opinerent pour cette condeſcendance : les Eſpagnols plus déliés ou plus fideles s'y oppoſerent. Charles, qui ne regardoit peut-être cet arrangement que comme une vaine formalité, ou qui croyoit avoir pris du moins des meſures infaillibles pour s'aſſûrer qu'on ne lui manqueroit pas de parole, ſe prêta à la délicateſſe de ſon Priſonnier. Alors rien ne s'oppoſant plus à la paix, elle fut ſignée aux conditions ſuivantes. 1°. Que le Roi de France céderoit la Bourgogne en pleine ſouveraineté. 2°. Qu'il renonceroit à tous ſes droits ſur Naples, ſur le Milanès, ſur Genes, & à l'hommage que lui devoient les Comtés de Flandres & d'Artois. 3°. Qu'il rétabliroit le Connétable dans ſes biens, Charges, & dignités. 4°.

Qu'il payeroit pour sa rançon de
millions d'écus d'or. 5°. Qu'il donne
roit à son choix pour ôtages ses deu
fils, ou le Dauphin, & douze Sei
gneurs qu'on désignoit. 6°. Que s
ne vouloit ou ne pouvoit tenir sa p
role, il retourneroit dans sa priso
Le sceau de la réconciliation fut s
mariage avec Eléonore, sœur aîn
de l'Empereur, & Veuve du Roi
Portugal.

Personne ne douta que ce traité
paix, ne devint l'époque-d'une guer
longue & sanglante. On supposoit qu
François I. qui avoit sa gloire à répa
rer, ses intérêts à ménager, & sa ven
geance à satisfaire, se livreroit à tou
la vivacité, à toute l'impétuosité
son caractere. Cette conjecture étoi
d'autant mieux fondée, que le Princ
trouva en rentrant dans ses Etats, qu
son absence n'avoit pas nui aux affai
res, & que la Régente sa mere avo

...rosité avec beaucoup de courage, & de bonheur de l'inaction presqu'incompréhensible de l'Empereur, pour mettre les frontieres en état, & pour lever des troupes.

Les dispositions du Roi ne se trouverent pas telles qu'on les imaginoit ; les malheurs qu'il venoit d'éprouver lui avoient fait souhaiter une situation tranquille. Il étoit disposé de très-bonne foi à exécuter le traité de Madrid tout humiliant qu'il étoit, pourvû qu'au lieu de la cession de la Bourgogne, on se contentât de deux millions d'écus d'or : moyennant cet adoucissement, il promettoit d'observer une neutralité parfaite, & il abandonnoit l'Italie entiere au ressentiment & à l'ambition de son Rival.

Pour juger de la faute que fit l'Empereur en n'acceptant pas les offres de la France, & pour sentir qu'il se laissa plutôt emporter par le dépit de s'être

trompé, que conduire par la connoiſ-
ſance de ſes vrais intérêts, il ſuffit de
rappeller ce qui s’étoit paſſé depuis la
journée de Pavie.

Avant cet évenement mémorable,
les Puiſſances d’Italie ſouffroient aſſez
patiemment les Imperiaux dans le Milanès, & le Duc lui-même ne reſpec-
toit pas ſeulement les ordres de l’Empereur, il ſe ſoumettoit encore aux ca-
priſes de ſes Généraux. La haine qu’on
avoit conçûe contre les François étoit
ſi vive qu’on ne croyoit pas pouvoir
trop acheter l’avantage de les accabler.
Lorſque le ſort des armes eût changé
la face des affaires, les diſpoſitions des
cœurs changerent auſſi. Le Pape &
les Vénitiens craignirent un Vainqueur
puiſſant, qui ne trouvoit preſque plus
d’obſtacle, & dont les ſuccès pouvoient étendre les vûes juſqu’à leurs
Etats. Cette conſidération leur fit ſou-
haiter qu’on ne différât pas davantage

de donner à Sforce l'inveſtiture du Duché de Milan, & qu'on en fît ſortir
une armée, qui depuis ſa derniere victoire, n'avoit plus d'ennemis à combattre. Pour forcer l'Empereur à ces
deux démarches qu'on ſentoit qu'il ne
feroit jamais volontairement, il fut arrêté que tous les Princes d'Italie uni-
roient leurs forces, & qu'ils ſerviroient
à cauſe commune de tout leur pouvoir.
Il falloit une ame forte & agiſſante pour
mouvoir & pour régler ce corps com-
poſé de tant de membres : on crut la
voir dans Peſcaire qui commandoit
alors l'armée de l'ennemi commun.

Ce Général avoit les vices qu'il falloit pour ſe laiſſer ſéduire, & les talens
néceſſaires pour bien ſervir le parti
qu'il embraſſeroit : il étoit altier, faux
& ambitieux ; mais brave, vigilant,
ferme, actif, inépuiſable en reſſour-
ces, l'idole des troupes. Un mécontentement qu'il avoit eu de l'Empereur

l'avoit difposé à écouter des propofitions contraires à fes engagemens. De
cette difpofition à une défection réelle
le chemin eft facile & court. On efpe-
ra qu'il le feroit fi cette importante négociation étoit conduite avec l'art, le
fecret, & les ménagemens convenables. En effet, après avoir eu, ou montré des fcrupules qui pouvoient être
également les fuites d'un refte de probité, ou des preuves de fon ambition,
il céda à l'éloquence de Jerôme Moroné, & à l'offre qu'on lui fit de la Couronne de Naples. A cette condition il
s'engagea à difpofer les troupes Imperiales de telle forte qu'elles pourroient
être aifément accablées par les Milanois, & à marcher fi rapidement avec
l'armée des Confédérés vers les Etats
qu'on lui deftinoit, qu'ils ne feroient
point ou peu de réfiftance. Par ce fiftê-
me l'Empereur fe trouvoit chaffé de
l'Italie qui recouvroit fon ancienne

liberté, & sa premiere tranquillité.

Ce projet n'avoit rien de chiméri-que ; mais on s'étoit vû réduit à le com-muniquer à tant de personnes, qu'il étoit presque impossible qu'il restât se-cret ; aussi Charles en fut-il instruit, sans qu'on ait jamais su, ni presque soupçonné par quel canal. Pescaire, averti à propos que ses menées étoient découvertes, envoya un homme de confiance à l'Empereur pour lui ap-prendre une chose qu'il savoit déja, & pour tâcher de lui persuader qu'il n'a-voit feint d'épouser les intérêts des Confédérés que pour se mettre à por-tée de connoître & de traverser leurs vûes. Ce Prince qui imagina qu'il étoit plus convenable à sa dignité de faire semblant de croire ce qu'on lui disoit, que d'essayer de tirer de cette trahison une vengeance qui n'étoit pas sûre, ordonna à son Général de recueillir le plutôt qu'il pourroit le fruit de son in-

trigue, & d'en amener infenfiblement
le dénouement. Il fut tel que Charles le fouhaitoit, & que fes intérêts le
demandoient. Moroné attiré à Nova-
re fous prétexte de prendre des arrangemens décififs, & une derniere réfolution, fut arrêté par fon complice, &
interrogé juridiquement. Dès qu'il eût
avoué qu'il avoit agi dans toutes fes
démarches par ordre de fon Maître,
Pefcaire fe crut obligé à traiter ce Prince en criminel de lefe-Majefté : il lui
demanda la garde de fes fortereffes,
comme néceffaire à la fûreté des troupes Imperiales, & comme une preuve
de foumiffiou qui pourroit calmer l'Empereur. Le Duc qui fe trouvoit fans
force, fans confeil & fans efpérance,
n'ofa refufer ce qu'on exigeoit, & mit
lui-même fes ennemis en poffeffion de
toutes fes Places. Il croyoit qu'un facrifice fi grand & fi difficile feroit fuivi
de quelque tranquillité : mais fon per-
fécuteur

sécuteur qui avoit une perfidie à faire oublier, poussa l'outrage jusqu'à vouloir se rendre maître du Château de Milan. Sforce qui n'avoit que cette retraite refusa de la livrer, & y fut assiégé. Pescaire là pressoit vivement, lorsqu'il périt d'une mort qui parut violente. Les soupçons de poison tomberent également & sur les Espagnols qui ne doutoient pas qu'il ne fût entré dans la conspiration, & sur les confédérés qui se plaignoient d'en avoir été trahis. Cet évenement n'eut pas les suites qu'il pouvoit avoir, par l'attention qu'eut l'Empereur d'envoyer sans délai Bourbon pour continuer le siége.

Telle étoit la situation des choses, lorsque François I. sorti de prison conclut à Cognac le 22 Mai 1526. un traité avec le Pape, les Venitiens, & le Duc de Milan. Le but de cette ligue dont le Roi d'Angleterre fut depuis déclaré Protecteur, étoit de faire mettre en liberté les Fils de France, d'affermir Sforce dans ses Etats, & de remettre l'Italie entiere dans la situation où elle étoit avant la guerre. Il faut développer comment des prétentions si justes, & des projets si sages eurent une issue tout-à-fait funeste.

Le Roi de France qui n'étoit entré dans la confédération que pour intimider l'Empereur & l'engager à accepter un équivalent pour la Bourgogne, agit d'abord mollement. Outre cette raison qui étoit connue, il y en avoit une autre qu'on ne soupçonna pas : il craignoit que s'il faisoit des efforts trop prompts & trop heureux pour chasser les Imperiaux de la Lombardie, il ne se vit abandonné dans la suite des Alliés, ou que du moins ils n'agissent pas avec assez de vigueur & de zele pour lui faire rendre ses enfans. Ces considérations politiques étoient fortifiées par son goût pour le plaisir, par le déran-

gement de ses finances, & par le mécontentement des Suisses qui lui refu-
soient des troupes.

Le Roi d'Angleterre qui sans s'en
appercevoir avoit été entraîné jusqu'a-
lors dans le parti de la Maison d'Autriche par l'ambition de Wolsey, n'étoit
entré dans la ligue que pour servir la
vengeance de son Favori. Ce Cardinal
qui avoit compté deux fois sur les services de l'Empereur pour parvenir au
S. Siége, avoit été trompé deux fois
dans ses espérances. Cette ingratitude
avoit jetté dans son cœur un commencement d'aigreur que les manieres pleines de froideur & de mépris qui suivirent la journée de Pavie tournerent en
haine : le Prince qui, jusqu'alors, lui
avoit écrit lui-même toutes ses lettres
avec cette souscription : *Votre fils &*
cousin Charles, ne signa plus depuis
cette victoire *que Charles*, des lettres
écrites de la main d'un Sécretaire.

L'orgueilleux Wolsey voulut punir cet outrage en armant son Maître contre son ennemi : mais comme c'étoient les insinuations de son Ministre plutôt que des raisons d'état, ou ses passions particulieres qui avoient engagé Henri dans cette démarche, il ne la regarda presque pas comme un engagement sé-rieux.

Le Pape qui étoit irrésolu par carac-tere, intriguant par goût, & par le malheur des circonstances en guerre avec les Colonnes, ne pouvoit pas ser-vir fort utilement la cause commune. Il étoit refroidi d'ailleurs par l'inaction des Rois d'Angleterre, & de France, qui ne faisoient point de diversion dans les Pays-Bas, & du côté des Pirenées, quoiqu'ils s'y fussent engagés, & qui n'envoyoient pas en Italie, l'un l'ar-gent, & l'autre les troupes qu'ils avoient promis.

Les Venitiens étoient dans une position fort dangereuse , parce que l'Empereur qui les haïssoit formoit des prétentions sur les Etats de terre ferme , & qu'ils étoient voisins du théatre de la guerre. Ces raisons devoient naturellement les déterminer à déployer leurs forces & à prodiguer leurs richesses pour faire finir le péril , ou du moins pour l'éloigner ; d'autres raisons s'y opposoient : ils se persuadoient que plus ils feroient d'efforts , moins les autres Confédérés se croiroient obligés d'en faire ; ainsi la République s'exposoit à périr pour vouloir trop engager ses Alliés à sa conservation.

François Sforce n'avoit été qu'un personnage de théatre , depuis qu'il étoit rentré dans le Milanès. On s'étoit d'abord servi de son nom pour en chasser les François , & ensuite de ses liaisons avec Pescaire pour l'en dépouiller. Lorsqu'il entra dans la ligue , il étoit assiégé par les Impériaux dans le Château de fa Capitale, & à la honte des Confédérés, il fut obligé de le rendre peu de tems après. Le Duc d'Urbin fut la principale caufe de ce malheureux évenement.

Ce Général étoit lent & irréfolu; il voyoit toujours tant de raifons d'agir, & de n'agir pas, qu'il paffoit à difcuter le tems qu'il auroit dû employer à combattre. Son imagination qui fe frappoit aifément, groffiffoit toûjours à fes yeux les forces de l'ennemi, & diminuoit le nombre de fes propres troupes. Il avoit le défaut ordinaire aux hommes timides d'ôter le courage à fes foldats, en ne leur en croyant point, & d'enfler celui de l'ennemi en lui en fuppofant trop. Les avantages qu'il avoit pour attaquer, & ceux que lui procureroit la victoire ne fe préfentoient jamais à lui: fon efprit ne voyoit que les hafards d'une action, & les fuites d'une défaite; tout jufqu'à la réputation qu'il avoit de savoir supérieurement la guerre, nuisit à la cause qu'il défendoit : ses Maîtres ébloüis par l'éclat de son nom, approuvoient aveuglément toutes ses démarches ; & ses subalternes accablés par le poids de son autorité, n'osoient être d'un avis différent du sien, ou craignoient de le soutenir.

Avec le caractere que nous venons de tracer, il n'étoit pas possible de rien faire qui exigeât un peu de hardiesse ou d'activité. Aussi le Duc d'Urbin, quoiqu'à la tête de vingt mille Venitiens, d'un corps considérable de troupes de l'Eglise, & d'environ cinq mille Suisses, laissa-t-il prendre le Château de Milan à sa vûe par un Général infiniment moins fort, mais plus hardi, & plus vigilant. Les secours qui lui vinrent de France pouvoient l'aider à réparer sa faute : jamais les Imperiaux n'auroient resisté aux conspirations qu'occasionnoient tous les jours dans

Milan leur cruauté & leur avarice, & aux efforts de l'armée confédérée. Heureusement pour eux, le Duc d'Urbin s'amusa à assiéger Cremone. Les affaires de la ligue furent ruinées par cette entreprise fatale quoiqu'heureuse. Un orage qui auroit été infailliblement dissipé, si on eût pris un meilleur parti, força le Pape à rappeller ses troupes; & le Connétable de Bourbon eut le tems de recevoir d'Allemagne les Lansquenets qu'il en attendoit.

Ce Prince que l'inexécution du traité de Madrid fixoit nécessairement dans le parti où il s'étoit jetté, se maintenoit dans la Lombardie avec fort peu de troupes & sans argent. L'Empereur étoit hors d'état de fournir ni l'un ni l'autre; il lui convenoit mieux de les employer dans les Pays-Bas, & en Espagne pour y faire échoüer les entreprises qu'y devoient naturellement former les Rois de France & d'Angleterre. L'Allemagne pouvoit fournir des secours à son Chef, & elle le fit ; non comme on l'espéroit, mais d'une maniere qui mérite d'être remarquée par l'histoire.

Quelques Lansquenets enrichis par les dépouilles des malheureux Milanois que Bourbon avoit été obligé, par les circonstances de leur abandonner, s'étoient hâtés d'aller déposer leur butin dans leur pays, montrant en cette occasion deux exemples rares, d'économie dans un soldat, & de fortune arrivée par le moyen de la guerre. Leurs Compatriotes frappés par cette singularité, parurent déterminés à s'exposer aux mêmes périls, pour se procurer les mêmes avantages. Georges Fronsberg qui s'étoit si fort distingué dans les dernieres guerres d'Italie, & qui depuis la journée de Pavie, vivoit dans sa Patrie avec beaucoup d'éclat & de dignité, remarqua ces dispositions, & pensa à en profiter. Cet homme singulier étoit comme sûr de ne point trouver d'obstacle : malgré l'obscurité de sa naissance, il pouvoit compter sur la considération des Princes, & sur le zele des Officiers & des soldats qui avoient autrefois servi avec lui & auxquels sa maison avoit été toûjours depuis ouverte. Son projet ne fut pas plutôt devenu public qu'il vit venir à lui de toutes parts tout ce qui se sentoit du goût pour la guerre. Il choisit dans cette multitude environ vingt mille hommes, qui moyennant un écu chacun, payé d'avance, le suivirent du fond de l'Allemagne jusques dans le Milanès. Une attaque d'appoplexie qui le mit hors d'état d'agir, dès qu'il eut joint les Espagnols dans le Plaisantin, rendit Bourbon plus fort en le rendant maître absolu des deux armées.

Ce Général tranquille pour le Milanès, où il avoit laissé Antoine de Leve

avec sept ou huit mille hommes, &
sûr de n'être que foiblement traversé
par un ennemi irrésolu & découragé,
se trouva le maître de ses opérations.
Il eut successivement des vûes sur Plai-
sance, sur Boulogne, & sur Florence :
quelques difficultés & d'autres vûes
plus étendues lui firent abandonner ces
projets ; il se fixa au Sac de Rome.
Une résolution aussi violente pouvoit
partir de plusieurs principes ; ou du
desir d'enrichir son armée pour se l'attacher ; ou de l'envie de donner de l'é-
clat à son parti ; ou du dessein de se
rendre agréable à l'Empereur, en le
vengeant du principal instrument de la
ligue ; ou enfin, ce qui n'est pas sans
vraisemblance, de l'espérance de s'ouvrir un chemin au Trône de Naples,
où il pouvoit s'assûrer qu'il seroit maintenu par la meilleure partie de l'Europe, si elle l'y voyoit une fois assis. Il
ne seroit pas impossible aussi que Bour-

bon n'eût été déterminé à cette entreprise la plus utile & la plus brillante de toutes celles qu'il pouvoit former, que parce qu'elle étoit devenue la plus facile, depuis que le Pape qui venoit d'acheter du Vice-Roi de Naples une Tréve de huit mois, avoit licencié ses troupes.

Quoiqu'il en soit de ces conjectures qui ont toutes quelque fondement dans l'histoire, la marche de l'armée Imperiale n'eut pas plutôt averti Rome du péril qu'elle couroit, qu'on réclama les engagemens contractés par le Comte de Lannoy de garantir de toute invasion l'Etat Ecclesiastique. Soit que le Vice-Roi agit ou qu'il n'agit pas de bonne foi, il fit part du traité au Connétable, qui pour amuser le Pape, promit d'abord de s'y conformer, & qui ensuite prétendit être dans l'impossibilité de le faire, sous prétexte qu'il étoit poursuivi par les Confédérés, & qu'il n'étoit pas le maître de ses troupes.

Tandis que ces négociations duroient, l'armée avançoit à grandes journées. Elle ne craignoit ni la faim, ni la fatigue, ni l'ennemi , depuis qu'on lui avoit annoncé son terme. L'espérance d'un riche & immense butin faisoit une impression si vive & si agréable sur tous les soldats, qu'ils étoient disposés, disoient-ils , à suivre le Connétable, *voulût-il les mener à tous les diables* , ajoûtant que si on s'opposoit à leurs volontés, *ils renverseroient le monde entier.* L'habitude qu'il avoit contractée de marcher à leur tête , d'être vêtu comme eux, & de les entretenir familierement sans nuire au respect, ajoûtoit beaucoup à la confiance, & à l'attachement. Ils poussoient leur admiration pour lui jusqu'à le préférèr à Scipion, à Annibal , & à César. Ces dispositions entretenues , augmentées même par le pillage des petites Villes

qu'ils trouvoient dans leur marche, les
foutint jufqu'au cinquieme Mai 1527,
jour auquel ils camperent à la vûe de
Rome.

Bourbon demanda fur le champ paf-
fage par la Ville fous prétexte de continuer fa marche vers le Royaume de
Naples. Le Pape qui n'avoit pas à
craindre un fiége, & qui fe flatta de
pouvoir refifter à une attaque brufque,
refufa ce qu'il ne pouvoit accorder fans
rifque, & fe prépara à foutenir avec des
Bourgeois contre des troupes aguerries
un affaut qui ne fut renvoyé qu'au lendemain. Le Connétable vêtu exprès
d'un habit blanc pour être, difoit-il,
le premier but des Affiégés, & la premiere enfeigne de fes foldats, appuyoit
lui-même une échelle contre la muraille, lorfqu'il reçut un coup mortel.
Dans cette extrémité il ne perdit ni le
courage, ni le jugement. Comme ce
malheur pouvoit n'avoir pas été remar-

qué dans la chaleur de l'action, & qu'il auroit pû, s'il étoit devenu public glacer l'ardeur du soldat, il ordonna froidement au Capitaine Jonas son ami de le couvrir d'un manteau sous lequel il expira quelques instans après. Les troupes continuerent vivement l'attaque sans être instruites de la perte qu'elles avoient faite. Lorsqu'elles l'eurent apprise après la victoire, elles se jetterent sur les Romains, en criant pour s'exciter au carnage : *Carne, carne, sangré, sangré, sierra, sierra, Bourbon, Bourbon.*

Rome ne fut pas seulement quelques jours en proie à l'avarice, à la brutalité, à la barbarie du Vainqueur, comme le font ordinairement les Villes emportées d'assaut. Ces horreurs durerent deux mois entiers. Palais, Monasteres, Églises, tombeaux, tout fut fouillé & dégradé. On massacroit le Citoyen pauvre, parce qu'il n'avoit rien à don-

ner, & on mettoit le riche à la torture
pour le forcer à donner tout ce qu'il
avoit. Les Allemans, la plûpart Lu-
thériens, se plaisoient à couvrir d'op-
probre les Evêques & les Cardinaux,
& à les accabler des plus sanglans outrages. Les Italiens violoient les vier-
ges dans leur Cloître ; & les Espagnols
forçoient les Romains les plus distin-
gués par leur rang ou par leur naissance à être les témoins du déshonneur de
leurs femmes. La Capitale du monde
Chrétien avoit été saccagée cinq fois,
& n'avoit vû que la moindre partie des
forfaits dont elle étoit alors la victime.

Le Pape qui, au lieu de sortir de
Rome comme il le pouvoit pour sa sûreté, & comme il le devoit pour le
bien de ses Sujets, s'étoit retiré par
entêtement dans le Château S. Ange,
y fut assiégé par le Prince d'Orange,
qui depuis la mort de Bourbon, commandoit l'armée Imperiale. Il comptoit
pour

pour sa délivrance sur les forces des Confédérés : mais le Duc d'Urbain aigri contre tous les Médicis depuis que Leon X. l'avoit dépouillé de ses Etats, sacrifia son devoir, sa gloire, & la Ligue à sa haine. Par un rafinement de vengeance qui n'est que de certains peuples, il se montra à Clement sur les hauteurs, & il se retira dès qu'il eût été vû. Cette retraite, en ôtant tout espoir de secours au Pape, le détermina à s'accommoder avec ses Vainqueurs. Il s'engageoit par son traité à livrer quelques Places que les Venitiens, André Doria, les Florentins, le Duc de Ferrare qui en étoient en possession, ses propres Sujets eux-mêmes qu'il avoit fait avertir secretement de ses intentions, refuserent constamment de rendre. Comme on étoit convenu qu'il ne seroit mis en liberté qu'après que cette condition auroit été remplie, il fut cinq mois entiers dans le

Château Saint Ange. Son fort changea pourtant, parce que lorsqu'il ne
fut que prisonnier, il se vit à l'abri de
la famine, dont il avoit éprouvé toutes les horreurs dans le tems du siége.

Tandis que toutes ces scenes se pas-
soient en Italie, l'Espagne en fournissoit encore de plus singulieres. L'Empereur qui auroit pû mettre le Pape en
liberté par une simple lettre, ordonnoit des Processions pour demander à
Dieu sa délivrance. Il faisoit différer
les réjouissances qu'on avoit préparées
pour la naissance de son fils Philippe,
& il prenoit le deuil pour un évenement qu'il avoit souhaité, & qui le
combloit de joie. Cette comédie dura
jusqu'à ce que l'armée des Alliés s'é-
tant mise en mouvement, il jugea qu'il
lui seroit plus honorable de relâcher
son Prisonnier, que facile ou avantageux de le retenir.

La nouvelle ligue formée contre

l'Empereur fut compoſée des Rois de France & d'Angleterre, des Venitiens & des Florentins, des Ducs de Milan & de Ferrare, & du Marquis de Mantoue. Lautrec commanda leurs forces réunies. Loin de briguer cet honneur, il le refuſa, parce qu'il craignoit qu'on ne le laiſſât manquer des ſecours néceſſaires pour faire heureuſement la guerre; & François qui ne l'eſtimoit guere, & qui ne l'aimoit plus, opinoit lui-même pour un autre choix. Ils furent obligés de ſacrifier l'un ſes raiſons, & l'autre ſes répugnances à la cauſe commune : pluſieurs Membres de la Confédération ayant déclaré qu'ils ſe retireroient ſi on leur donnoit un autre Général. Lautrec paſſa les Alpes à la tête d'une belle armée : il s'en ſervit pour réduire la plus grande partie du Milanès ſous les loix de Sforce; ſes opérations furent vives, ſages & ſavantes. Elles auroient procuré la priſe de la

Contraste insuffisant

NF Z 43-120-14

Capitale, si le Duc de Milan, & les Venitiens avoient été crus. Ils s'appuyoient sur la facilité d'y forcer Antoine de Leve trop foible pour résister à la fois aux ennemis du dehors & du dedans ; sur l'importance de couper les secours de l'Allemagne aux Imperiaux pour les empêcher de se soutenir à Rome & à Naples. Enfin, sur la nécessité d'assûrer une retraite aux François, au cas que les expéditions qu'ils alloient commencer fussent malheureuses.

Ces avantages étoient sensibles : mais on craignoit d'un côté en France que si les Venitiens n'avoient plus rien à redouter des Imperiaux, ils n'agissent mollement pour la conquête de Naples ; & on vouloit de l'autre laisser indécise la possession du Milanès, afin de pouvoir le sacrifier s'il en étoit besoin à l'Empereur pour l'engager à se relâcher sur l'article de la Bourgogne. C'étoit sur ces deux pivots que devoit porter la conduite de Lautrec. Tout eût été perdu s'il se fût laissé pénétrer : heureusement les circonstances favoriserent son secret. Tandis qu'on lui faisoit le plus d'instances pour le déterminer au siége de Milan, le Pape le pressoit de marcher à Rome pour le mettre en liberté, puisque c'étoit le principal motif de la ligue : les Florentins appuyoient vivement ce sentiment dans la crainte que les Imperiaux ne quittassent Rome pour secourir le Milanès, & ne fissent en passant leurs ravages ordinaires sur les terres de la République. Quoique ces raisons ne fussent pas celles du Général, elles lui servirent de prétexte pour laisser au Duc de Milan & aux Venitiens le soin d'achever la réduction de la Lombardie, & pour prendre avec son armée la route de Rome. Sa marche, quoique lente, parce qu'il attendoit l'issue d'une négociation qu'on avoit entamée en Espagne, produifit peut-être plus d'effet qu'il ne s'en étoit promis. Clement fut relâché, & cet évenement mit Lautrec à portée d'exécuter les vûes qu'il avoit fur le Royaume de Naples. Il y arriva fur la fin de Février 1528.

Les Imperiaux l'y avoient précédé de quelques jours. Ils arrivoient, fi fort affoiblis par la pefte & par la débauche, de l'Etat Ecclefiaftique où ils avoient vêcu environ huit mois fans regle & fans difcipline, que fi on les eût pourfuivis un peu vivement, il n'en feroit pas échappé un feul, & il n'auroit fallu que parcourir enfuite le Royaume pour le foumettre. Les François en s'amufant mal-à-propos à prendre les Places qu'ils trouverent fur leur route, laifferent au nouveau Vice-Roi Moncade, le tems de fe fortifier dans la Capitale. Cette faute en rendit le fiége long, difficile, meurtrier; & donna occasion à un évenement qui eût des suites importantes.

André Doria le plus grand homme de mer de son siecle, étoit entré au service de François I. & y avoit apporté la hauteur , le courage & les mœurs d'un Républicain. Les Ministres accoûtumés aux déférences , & aux bassesses des Courtisans, conçurent aisément de la haine contre un Etranger qui ne vouloit recevoir des ordres que du Roi. Comme l'habitude de dépendre d'eux n'étoit pas encore bien formée parmi les Grands, ils craignirent qu'un exemple comme celui-là , ne retardât les progrès de la servitude générale qu'ils introduisoient avec succès dans le Royaume. Pour prévenir le péril qui menaçoit leur autorité naissante, ils conspirerent la perte d'un homme dont ils n'étoient devenus ennemis que parce qu'il n'avoit pas voulu être leur esclave. On ne pouvoit y parvenir qu'en dégoûtant le Roi de lui, ou en le dégoûtant du Roi. Ces deux moyens se prêtoient de la force l'un à l'autre, ils ne furent pas séparés. Doria se vit insensiblement négligé, oublié, insulté même. Il n'étoit ni payé de ses pensions, ni écouté dans les Conseils, ni consulté sur les affaires. Ce traitement lui arracha des plaintes & des menaces fort vives, qui rapportées dans de certains tems, & dans certaines circonstances, le firent passer, par degrés, dans l'esprit du Monarque qu'il servoit pour un importun, un avare, un orgueilleux ; & enfin pour un homme d'une humeur incompatible.

Telle étoit la disposition des esprits, lorsque Doria reçut à Gênes où il demeuroit ordinairement, ordre de bloquer Naples par mer, tandis que Lautrec l'assiégeoit par terre. Son neveu sur lequel il se déchargea de cette commission, toute importante qu'elle étoit, remporta une victoire complette fur les Efpagnols, & lui envoya du Guart, Colonne, & d'autres Prifonniers de marque, pour qu'il en tirât rençon, conformément au Traité qu'il avoit fait avec la France. Le refus qu'on fit d'y confentir, quoiqu'on s'y fût engagé, augmenta le mécontentement de Doria. Il ne fe borna plus dès-lors à vouloir difpofer à fon gré des Prifonniers, il exigea qu'on rendît la liberté à fa Patrie, & qu'on lui reftituât Savonne, qu'on en avoit démembrée pour l'affoiblir.

Le Roi qui dans le fonds eftimoit Doria, & qui craignoit de le perdre, penchoit à le contenter. Il trouvoit que la fidélité d'un homme fi utile, & l'entretien de douze galeres que la République lui offroit, étoient un dédommagement fuffifant des facrifices qu'on lui propofoit de faire. Malheureufement les intérêts particuliers qui ruinerent

toûjours les affaires de ce regne, empêcherent l'accommodement. Montmorency à qui on avoit abandonné les
impôts qui se levoient à Gênes ne fut
pas assez généreux pour sacrifier au
bien de l'Etat cette espece d'usurpation.
Pour se l'assûrer même davantage, il
se proposa de perdre le seul homme qui
pouvoit lui en rendre la possession in-
certaine, & avec le secours de Duprat il en vint à bout. François pris
par le foible commun à tous les Princes, de croire trop légérement leur autorité méprisée, ordonna que Doria fut
arrêté.

Quand l'exécution de cet ordre eût
été sûre & facile, il eût été toûjours
très-imprudent de le donner. La bonne politique ne vouloit pas qu'on se
privât volontairement du seul homme
capable d'établir d'abord, & de maintenir ensuite la domination Françoise
en Italie. Le Favori & le Ministre

veuglés par leur haine, leur orgueil
& leur avarice, firent une plus grande
faute encore : ils traiterent cette importante affaire avec si peu de mistere
que Doria fut averti de tout, & ils
prirent si mal leurs mesures qu'il leur
échappa. Les intérêts de sa vengeance autant que les précautions pour sa sûreté le déterminerent à porter aux Imperiaux son crédit, ses conseils, sa réputation, & son expérience. Il parut
devant Naples, non pour lui couper
les vivres, comme il s'y étoit engagé
autrefois, mais pour lui en fournir. Ce
contre-tems acheva d'abattre Lautrec,
qui luttoit depuis long-tems contre
l'ennemi, la peste, la misere, & la famine. Il mourut en détestant les mauvais Citoyens dont l'Etat, l'Armée,
& lui étoient les victimes. *

---

* Le corps de Lautrec n'ayant pas été en-
seveli avec la décence convenable, un Seigneur Espagnol lui fit élever généreusement

Quoique ce Général eut de gran[des]
défauts, & que dans le cours de ce[tte]
expédition, il eut fait des fautes capi[ta]-
les, aucun de ses subalternes n'é[toit]
capable de le remplacer. Le Marq[uis]
de Salupes qui prit après lui le co[m]-
mandement des troupes, étoit celui q[ui]
avoit le plus d'expérience ; mais [il]
manquoit de vûes, d'audace, & d'a[c]-
tivité ; trop borné pour tirer un gra[nd]
parti même d'une position excellente[,]
il étoit bien éloigné de rendre utile e[t]
honorable la dangereuse situation o[ù]
il se trouvoit. Le succès du siége étoi[t]
une espece de chimere dont Lautr[ec]
s'étoit trop long-tems entêté, & qu[e]

quelques années après un Tombeau de mar-
bre, avec cette Epitaphe : *Odio functo Lau-*
treco Consalvus Ferdinandus , Ludovici filius
Corduba, magni Consalvi nepos , cum ejus ossa,
quamvis hostis in avito Sacello ut belli fortuna
tulerat , sine honore jacere comperisset , huma-
narum miseriarum memor , Gallo Duci , His-
panus Princeps posuit.

successeur fit bien d'abandonner.

prit malheureusement un parti si sage

homme sans cœur & sans conduite.

lieu de rassembler les membres

rs de son armée, & de la mener,

mme cela étoit facile, dans un poste

, où un air sain & de bonnes subsis-

ces l'auroient rétablie, il se retira en

ordre avec le peu qu'il avoit de trou-

. Elles furent battues & presque

uites dans leur retraite par les Im-

iaux sortis de Naples. Ce qui avoit

appé se rendit bien-tôt après dans

erse à des conditions honteuses, &

bligea à évacuer le Royaume sans

peaux & sans armes. Le Général

enu prisonnier, fut assez lâche pour

loir engager les François, les Ve-

iens, & les autres Alliés à rendre

mêmes conditions les Places dont

étoient les maîtres dans la Capita-

e, l'Abruzze, & la Calabre : ils

ferent de le faire, & leur courage

fut juſtifié par le ſuccès. Avec un p
de bonheur, & beaucoup de condui
ils réuſſirent à ſe maintenir dans le
conquêtes juſqu'à la Paix.

Il eſt vrai qu'une circonſtance p
ticuliere les favoriſa. Doria qui é
aſſez fort pour les forcer ou pour
couper les vivres, regarda avec ra
leur ſoumiſſion comme une choſe
peu-près indifférente, & s'occup
vûes plus étendues. Des deux pro
qu'il avoit formés de ſe venger
François, & de rendre la liberté
Patrie, il avoit exécuté le premier
aſſûrant à l'Empereur le Royaume
Naples; & s'étoit préparé le ſuccès
ſecond par les ſages meſures qu'il a
priſes. Inſtruit par l'hiſtoire & e
vaincu par ſes reflexions que la dé
nion des Génois les avoit dans t
les tems préparés à la ſervitude, il i
gina pour la finir d'anéantir les fac
qui continuoient à les diviſer.

Emiſſaires ſe conduiſirent avec tant d'adreſſe qu'ils réuſſirent à réunir tous les eſprits ſans être traverſés par les François qui ne pénetrerent pas le but d'une politique ſi ſimple. Alors Doria s'approcha de Genes avec ſes Galeres. Quoique Barbezieux commandât ſur la côte une flotte nombreuſe, il n'oſa diſputer l'entrée du Port à un homme d'un talent ſi ſupérieur au ſien ; & Trivulce qui, pour éviter la contagion qui ravageoit la Ville, s'étoit retiré dans le Château, & avoit diſperſé ſes forces dans la campagne, ſe trouva hors d'état de défendre ſa Place. Le ſort de la Capitale décida la révolution. La Citadele, Savone, toutes les terres de la République ſecouerent le joug étranger ; & le Libérateur qui auroit pû aſſervir ſa Patrie, eut la généroſité d'y établir le Gouvernement qui ſubſiſte encore aujourd'hui. On lui érigea une ſtatue, avec cette inſcription : *Andreæ*

Auriæ, civi opt. feliciſſimoque vindici, atque autori publicæ libertatis : Senatus populuſque Genuenſis poſuit.

La deſtinée de Genes décida du ſort de la Lombardie. Les Eſpagnols ſe ſervirent heureuſement des Ports de la République pour faire paſſer à Antoine de Leve des ſecours foibles en eux-mêmes, mais conſidérables par l'uſage qu'il en ſavoit faire. Ce Général preſque réduit à la ſeule Ville de Milan, s'y voyoit toûjours à la veille d'être accablé par les forces réunies de Veniſe, du Milanès, & de la France. Sa politique étoit & devoit être de traîner les choſes en longueur. Il pouvoit eſpérer ou qu'il diviſeroit ſes ennemis, ou qu'il les laſſeroit, ou enfin qu'il feroit naître quelque occaſion favorable de les accabler. Avec l'eſprit de ſyſtème qu'il avoit, & le génie de la guerre, il devoit vaincre tôt ou tard des Chefs irréſolus, foibles & imprudens,

tels

tels qu'étoient le Duc d'Urbin, Sforce
& le Comte de S. Pol. Ce moment se
fit attendre, mais il arriva sur la fin de
Juin 1529. à l'occasion que nous al-
lons dire.

Les Confédérés ayant remporté quelques avantages, penserent à en profiter pour se rendre maîtres de Milan. Les
périls d'un siége régulier les déterminerent à un blocus. Comme cette opération ne parut pas assez difficile au
Général François pour devoir occuper
toutes les forces de son parti, il crut
pouvoir se détacher pour former une
entreprise sur Genes. Des intelligences qu'il y avoit, & l'éloignement de
Doria lui firent espérer qu'il réussiroit.
Ce succès le flattoit d'autant plus qu'il
le croyoit également utile à son Maître
& à la Ligue. Il trouvoit qu'il n'y
avoit rien de plus beau que de rendre
d'un même coup un bel Etat à sa Patrie,
& d'assûrer à la cause commune une

Ville importante, en forçant l'Empereur qui venoit en Italie d'aller descendre à Naples, d'où il ne pourroit pas secourir Milan, comme il l'auroit fait, s'il eût pû débarquer à Genes. Quoique Sforce & le Duc d'Urbin n'approuvaffent pas ce projet, S. Pol ne s'en mit pas moins en marche pour l'exécuter. Il fut joint par les Imperiaux à Landriano, parce que les pluies avoient rallenti fa marche, & furpris, parce qu'il faifoit la guerre avec négligence. Antoine de Leve auffi vigilant & plus entreprenant qu'aucun Capitaine de fon fiecle, le batit fi bien que toute l'armée fut détruite ou diffipée, & que du refte de la campagne, on ne vit pas paroître dix foldats François enfemble. Cet évenement produifit le bien de tous les évenemens décififs. Il avança les négociations pour la paix qui étoient commencées, mais qui languiffoient.

Cambray étoit le lieu qui avoit été choisi pour discuter les prétentions des deux plus puissans Monarques de l'Europe, & pour tâcher de les concilier. Les Plénipotentiaires étoient deux femmes célebres, Marguerite d'Autriche, tante de Charles-Quint, & la Duchesse d'Angoulême, mere de François I. Comme ces Princesses connoissoient les affaires, s'estimoient mutuellement & craignoient la guerre, elles pousserent vivement les Conférences, dès qu'il leur fut permis d'agir. L'Empereur qui prévoyoit l'irruption des Turcs en Hongrie, & qui craignoit les mouvemens des Protestans d'Allemagne, se détacha de la Bourgogne pour désarmer le plus redoutable de ses ennemis. Le Roi de France qui ne recevoit que peu de secours d'Angleterre, & qui ne pouvoit compter sur ses Alliés d'Italie, qu'autant qu'ils craindroient pour le Milanès, renonça

à ſes prétentions ſur Genes, ſur Milan,
ſur Naples , & paya deux millions d'é-
cus d'or pour tirer de priſon les Princes ſes fils. Ce Traité conclu le 3
d'Août 1529. auroit pû paſſer pour
aſſez raiſonnable, ſi François n'y avoit
pas perdu ſa réputation & la confiance de toute l'Europe, en abandonnant
ſes Alliés à ſon Rival.

L'accommodement particulier de
Rome , qui avoit précédé celui de la
France, ne le juſtifioit pas , parce que
la politique des petits Etats ne doit pas
être toûjours celle des grandes Puiſſances. Il étoit difficile que le Pape
qui n'avoit jamais eu des principes fixes ſur rien , excepté ſur la grandeur
de ſa Maiſon , reſiſtât à l'offre que lui
faiſoit l'Empereur de rétablir l'autorité des Médicis dans Florence. Cette
République défendit preſque un an entier ſa liberté ; mais à la fin elle fut
aſſervie. Cet avantage, & le recou-

vrement de plusieurs Places importantes ne coûterent à Clement que l'investiture du Royaume de Naples qu'il accorda à Charles à condition qu'on offriroit tous les ans de sa part au saint Siége , une haquenée blanche pour redevance.

Si l'envie de faire oublier à la Chrétienté les outrages faits au Chef de la Religion, avoit déterminé l'Empereur à être généreux envers le Pape ; la crainte de Soliman le força à être moins injuste à l'égard de ses autres ennemis. Le Duc de Milan fut rétabli dans ses Etats , en payant quatre cens mille écus comptant, & en s'engageant à en payer encore cinq cens mille en dix ans. Les Venitiens acheterent la paix par le sacrifice de tout ce qu'ils avoient conquis dans Labruzze & dans la Calabre, & par des sommes assez considérables. Le Duc de Ferrare qui en restant dans l'inaction dans une occasion où il auroit pû servir utilement la ligue, avoit disposé l'Empereur à lui être favorable, ne perdit aucune de ses possessions. Pour le Roi d'Angleterre, quoiqu'il eut déclaré la guerre à Charles, comme il ne la lui avoit pas faite, il n'y eut aucun traité entr'eux.

La paix de Cambray fit joüir la France & l'Espagne d'un repos de quelques années, sans raprocher les cœurs des deux Souverains. La concurrence à l'Empire avoit fait naître entre eux une haine vive & forte, que leurs prétentions sur Genes, sur Milan, sur Naples, rendirent plus vive & plus forte encore. Leur fureur avoit été poussée jusqu'à se donner publiquement des démentis, & à s'envoyer des cartels dressés dans toutes les formes de l'ancienne Chevalerie. Comme s'ils eussent ignoré que c'est à la tête des armées, & non dans un champ clos qu'il sied bien aux Rois de combattre, parce que ce n'eſt pas leurs injures , mais celles de l'Etat qu'ils doivent venger, ils avoient montré pour des combats ſinguliers un entêtement qui les avoit rendu la fable de l'Europe. L'accommodement auquel ils avoient conſenti avec ces diſpoſitions , étoit viſiblement l'ouvrage de la néceſſité & des circonſtances. Les intrigues des deux Cours après cet événement appuient cette conjecture.

L'Empereur forma le plan d'une ligue , où il invita les grandes & les petites Puiſſances d'Italie : toutes , excepté les Venitiens y entrerent , mais dans d'autres vûes que celles qu'on ſe propoſoit. Le but de Charles étoit de fermer le paſſage des Alpes aux François, & de tenir ſous le joug l'Italie même, en ſe faiſant entretenir une armée nombreuſe qui ſeroit compoſée de ſes troupes , & commandée par un de ſes Généraux. Le piége étoit adroit , mais les Confédérés n'y donnerent pas. Ils prétendirent au contraire, que leur union & l'engagement qu'ils avoient con-tracté de se secourir s'ils étoient atta-qués, suffisant à leur sûreté; l'Italie de-voit être délivrée de cette foule d'é-trangers qui l'avoient opprimée si long-tems. Cette résolution étoit si unani-me, & parut si ferme, que l'Empereur qui étoit hors d'état de payer son ar-mée, en licencia une partie, & envoya l'autre en Espagne.

Tandis qu'on négocioit d'un côté, on n'étoit pas dans l'inaction de l'au-tre. Le Roi de France ne négligeoit rien pour susciter des ennemis à son Rival. Il aigrissoit contre lui les Lu-thériens d'Allemagne, en se récriant hautement contre les persécutions qu'on leur suscitoit ; le Roi d'Angleterre en le pressant de répudier Catherine d'Ar-ragon, & d'épouser Anne de Boulen; le Pape en blâmant le jugement qui avoit assûré Reggio & Modene au Duc de Ferrare ; le Duc de Milan en lui offrant de l'aider à se décharger d'une espece de tribut honteux pour lui , & ruineux pour ses peuples, qu'il devoit payer pendant dix ans. Ces intrigues duroient depuis long - tems, lorsqu'un évenement arrivé sur la fin de l'année 1534. en prépara le dénouement.

Un Gentilhomme Milanois, nommé Merveille, qui vivoit ordinairement en France, étoit retourné dans sa Patrie, sous prétexte de quelques affaires particulieres : mais en effet pour cimenter l'union qui commençoit à se former entre Sforce & François I. Les deux Princes persuadés qu'il y auroit eu de l'imprudence à donner publiquement un caractere à leur confident, convinrent que sa qualité de Ministre ne seroit connue que d'eux. Cependant soit vanité du côté du Négociateur, soit sagacité de la part des Politiques, le mystere fut soupçonné. L'Empereur fut si convaincu de cette intelligence, qu'on ne put pas réussir à le désabuser, & si offensé, que le Duc de Milan qui croyoit avoir tout à craindre de son ressentiment, chercha tous les moyens imaginables de l'appaiser. Le hasard ou son imprudence lui en fournirent un affreux. Quelques Domestiques de Merveille ayant tué dans une querelle un Milanois qui faisoit profession de les insulter eux & leur Maître, l'Agent de France fut arrêté & décapité.

Cet attentat, un des plus crians que l'histoire fournisse contre le droit des gens, fit sur l'esprit de François I. toute l'impression qu'il y devoit faire. Cependant ce Prince d'ordinaire esclave de ses premiers mouvemens, eut cette fois assez d'empire sur lui-même, pour différer une vengeance qu'il eût été dangereux de précipiter. Il demanda une réparation qu'il n'auroit pas acceptée, & fit croire par cette démar-

che à ceux qui le connoiſſoient le mieux,
qu'on ne riſquoit rien à ne le point ſatisfaire, & qu'il s'appaiſeroit avec le
tems. L'Empereur lui-même trompé
par ces apparences de modération, crut la tranquillité de l'Europe établie
ſur des fondemens ſolides. Dans cette
perſuaſion il porta la guerre en Afri-
que pour détrôner le Pirate Barberouſ-
ſe qui s'étoit fait Roi d'Alger, & pour
le mettre hors d'état de continuer à
infeſter les côtes de Naples & de Si-
cile.

Le Roi de France ſaiſit un inſtant ſi
favorable pour ſatisfaire ſon reſſenti-
ment, réparer ſa gloire, humilier Sforce, & envahir le Milanès. L'exécution
de ces projets eût été facile, ſi on avoit
pû obtenir du Duc de Savoye paſſage
ſur ſes Terres, ou ſi, comme il eſt plus
vrai-ſemblable, on n'avoit pas voulu
ſe ſaiſir de ſes Etats pour le punir des
torts qu'il avoit, ou qu'on lui impu-

toit. François l'accufoit d'avoir fourni des fecours à Bourbon durant fa révolte, d'avoir fait tous fes efforts pour dégoûter les Suiffes de l'alliance de la France, d'avoir écrit après la journée de Pavie des lettres pleines d'une joie maligne & indécente , d'avoir pouffé fon dévoûment pour l'Empereur, jufqu'à faire élever fon fils aîné en Efpagne, de ne lui avoir point enfin rendu juftice fur aucune de fes prétentions, fur le Comté de Nice, fur quelques Places du Marquifat de Saluces, fur l'hommage de Faucigny, & fur la fucceffion de Philippe pere de Louife de Savoye.

Le Duc de Savoye , homme de cabinet, plus qu'homme de guerre, n'oppofant à tous ces Sujets de mécontentement que des raifons, des prieres, des refpects , & des propofitions de paix ne fut pas écouté. L'Amiral de Chabot entra dans fes Etats au commencement

de l'année 1535. à la tête d'une belle
& nombreuse armée. Toutes les Villes
du Bugey, de la Bresse, & de la Savoye lui ouvrirent leurs portes sans se
défendre. Il s'empara la campagne sui-
vante avec la même facilité du Piémont, jusqu'à la Doine, & en auroit
sûrement achevé la conquête, avancé
même celle de la Lombardie, s'il n'eût
mis lui-même des bornes à ses succès.
Je trouve les Historiens partagés sur
les motifs de cette inaction.

Les uns prétendent que l'Amiral
ne poussa pas ses avantages dans la
crainte d'avoir affaire à un Général
aussi brave, aussi ferme, aussi habile
qu'Antoine de Leve qui commandoit
dans le Milanès, & qui s'étoit avancé
jusqu'à Verceil. D'autres assûrent que
le Cardinal Charles de Lorraine, qui
aspiroit à l'honneur de pacifier l'Europe, & qui comptoit assez sur son génie
pour espérer d'y réussir, craignit que

les ennemis de la France ne fuffent plus
aigris qu'abbatus par des difgraces trop
multipliées & trop humiliantes ; qu'il
communiqua cette idée à Chabot en
paffant par fon camp pour aller à Rome,
& que l'Amiral qui étoit plus courti-
fan que Capitaine, avoit facrifié fon
devoir & fa gloire à l'envie de plaire à
un Favori plus accrédité que lui. Il
paroît plus vrai-femblable que François qui s'étoit laiffé tromper fi fouvent,
fe laiffa amufer encore dans cette occafion, & que pour lui épargner la honte
que méritoit fa crédulité, on jetta des
nuages fur tout ce qui s'é oit paffé. Le
filence qu'on obferva quatre ans après
fur cette affaire dans le procès de mal-
verfation qui fut fait à Chabot eft peut-
être une démonftration en faveur de
cette conjecture.

Quoiqu'il en foit, la Cour de France
fe trouvoit alors dans des conjonctures
où une politique plus profonde & plus

suivie que la sienne auroit peut-être échoué. Le Duc de Milan étoit mort sans enfans dans l'intervalle des campagnes de Savoye & de Piémont. Par cet évenement tout-à-fait imprévû, François rentroit dans tous ses droits sur le Milanès qu'il n'avoit cédé par le Traité de Cambray qu'à Sforce & à sa postérité. Il s'agissoit de les justifier dans des négociations ou de les faire valoir par les armes. Le dernier parti étoit le plus sûr & le plus facile par le caractere du Prince, & par les forces qu'il avoit alors au-delà des Monts. Une modération foible & timide, qui est presque toûjours la ruine des grandes affaires, fit préférer le premier. On espéra qu'à force de ménagemens on parviendroit à rassûrer l'Italie qui regardoit l'établissement des François dans la Lombardie comme le tombeau de sa liberté. Cette condescendance parut d'autant moins dangereuse qu'on

croyoit l'Empereur qui revenoit d'A-
frique difposé à concilier de bonne foi
tous les intérêts. Il offroit de donner
l'inveſtiture du Milanès au Duc d'Angoulême, troiſieme fils de France. L'i-
nimitié que cette préférence pouvoit
faire naître entre les deux freres, & le
defir du Roi leur pere le faifoit pancher
enfuite du côté du Duc d'Orléans. Il
trouvoit peu après du danger à faire
régner un Prince qui étoit trop près du
Trône, & il revenoit à fon premier
choix. Les prétentions de François à
l'ufufruit pendant fa vie, étoit un nouveau prétexte d'examen & de délais.
Ainfi de difficultés en difficultés l'Empereur gagna affez de tems pour s'emparer du Milanès en qualité de Seigneur fuferain, pour décrier fon Rival
dans toute l'Europe, lui débaucher
tous fes Alliés, & raffembler fes propres forces.

L'armée Imperiale fe trouvant forte
de

de soixante mille hommes, entra dans
le Piémont. Les François qui y subsis-
toient difficilement, & qui pouvoient
être aisément accablés par des forces
supérieures avoient repassé les Alpes.
Ils n'avoient retenu de leurs conquêtes
que Turin, Fossan & Coni, trois Places qu'on croyoit capables d'arrêter
l'ennemi s'il les vouloit prendre, ou
de le forcer à laisser un corps considérable de troupes pour contenir les garnisons, s'il vouloit passer outre. Ce
plan étoit peut-être le plus sage que
l'on pût former dans les circonstances
où l'on se trouvoit : mais l'exécution
en auroit dû être confiée à un homme
d'un esprit plus étendu & moins foible
que Saluces. Ce Général dont l'incapacité étoit généralement reconnue depuis l'expédition de Naples, nuisit à
son parti d'une autre maniere, dont
malgré la mauvaise opinion qu'on avoit
de lui, il ne pouvoit pas être soupçon-

né. Convaincu fur la foi d'un Aftro-
logue que la France feroit fubjuguée
dans une campagne, il fe jetta dans les
bras de l'Empereur pour n'être pas en-
feveli fous les ruines de fa Patrie. Le
projet de cette trahifon l'avoit empê-
ché de réparer les fortifications de Coni
qui fe rendit fans réfiftance, & de fortifier & pourvoir de vivres Foffan
qui ne laiffa pas de fe bien défendre.
Montpefat, Gentilhomme de Quercy
qui y commandoit, montra une activité, une audace, une capacité, une
conftance qui ont rendu ce fiége mémorable. Il ne fe rendit après feize
jours d'attaque, que parce qu'il manquoit de fubfiftances, & qu'à condition que la capitulation feroit nulle,
s'il étoit fecouru dans les quinze jours
qu'il devoit être encore dans la Place.
Par cette adreffe, il arrêtoit un mois
entier Antoine de Leve, avantage confidérable que la France avoit plutôt fou-
haité qu'efpéré.

Huit jours après que les articles eurent été signés , l'Empereur arriva au
camp. Montpesat lui envoya la Roche-
du-Maine pour le complimenter en son
nom & en celui de sa garnison. Ce
Prince qui connoissoit le Député de
réputation , fit devant lui la revûe de
son armée , & voulut savoir ce qu'il en
pensoit : *Je la trouve*, dit-il, *plus belle
que je ne voudrois : mais si Votre Majesté passe les Monts , elle en verra une
plus leste encore.* L'Empereur lui ayant
dit ensuite qu'il alloit visiter les Pro-
vençeaux qui étoient ses Sujets : *Je
vous assûre , Sire , reprit-il , que vous
les trouverez fort désobeissms.* L'entretien s'échauffant insensiblement, Charles demanda combien il y avoit de
journées depuis le lieu où ils étoient
jusqu'à Paris : *Si par journées vous en-
tendez des batailles , il y en a douze
au moins*, répondit l'Officier François,
*à moins que vous ne soyez battu dès la
premiere.*

Ni cette confiance, ni les repréſen tations du Pape, des Venitiens, & du Duc de Savoye, ni la poſſeſſion de Turin par les François, ne purent em- pêcher l'Empereur de ſuivre le projet de campagne qu'il avoit formé. Con- vaincu que les diſcours de la Roche- du-Maine étoit des rodomontades, que l'humeur des Princes d'Italie paſſeroit bien-tôt, & que le danger de laiſſer dans ſes derrieres une Ville forte entre les mains de ſes ennemis, étoit un péril médiocre dont le Marquis de Marignan, & le Général Scalenge qui en faiſoient le ſiége avec dix mille hommes, le dé- livreroient bien-tôt ; il prit d'abord après la reddition de Foſſan la route de Provence. Le ſuccès de cette expédi- tion lui paroiſſoit ſi ſûr, qu'il dit à Paul Jove ſon Hiſtorien, de faire proviſion d'encre & de papier, & qu'il alloit lui tailler bien de la beſogne.

Ceux qui jugent de la grandeur des

causes par l'importance des évenemens chercheront dans le sistême politique du sixieme siecle, les raisons qui déterminerent Charles-Quint à cette entreprise. Elle eut pourtant, dit-on, une origine puerile & burlesque, que les Lecteurs versés dans l'étude des hommes & des siecles, croiront sans peine sur la connoissance des mœurs de ce tems-là, & sur le témoignage d'un grand nombre d'Historiens. Un Astrologue fort renommé, avoit assûré Antoine de Leve encore enfant, qu'il mourroit en France, & qu'il seroit enterré à S. Denis. Cette prédiction lui parut long-tems une fable grossiere qui se convertit à ses yeux en une vérité lumineuse, dès qu'il se vit à la tête d'une armée victorieuse & redoutable, sur les frontieres d'une Monarchie qu'il croyoit sans Ministres, sans ressources, & sans Généraux. S'imaginant être appellé par sa fortune à la conquête de

ce beau Royaume, il commença à le
regarder comme une Province d'Espagne qu'il gouverneroit jusqu'à la mort.
Sa crédulité lui persuadoit que ses cen-
dres seroient confondues avec celles
des Rois, & que cette récompense étoit
une des moindres distinctions qu'on
décerneroit à sa gloire, & qui étoient
dûes à ses services. La contagion de
l'enthousiasme est si dangereuse, que
l'Empereur fut entraîné malgré les lumieres de sa raison, par les visions de
son Général. Il est vrai qu'Antoine de
Leve le flatta par un trait qui est plus
dans les mœurs d'un Courtisan consommé, que d'un homme nourri dans
des camps & à l'armée. Tandis qu'il le
pressoit en secret de passer les Alpes,
il se jettoit à ses genoux en public pour
l'en détourner, afin qu'il eut visible-
ment tout l'honneur d'une expédition dont le succès lui paroissoit infaillible.

Le spectacle qui s'offrit à l'armée Imperiale, lorsqu'elle entra par le Comté de Nice en Provence vers la mi-Juillet 1536, devoit un peu diminuer des grandes espérances qu'elle avoit conçues. Pour lui ôter les moyens de s'établir & de subsister, on avoit abandonné les Villes, & fait de grandes bréches aux murailles, envoyé les Paysans dans les bois ou dans les montagnes, détruit les fours & les moulins, & brisé ou emporté les matériaux qui auroient pû servir à les rétablir, comblé les puits ou gâté leurs eaux, en y jettant tout ce qu'on trouvoit de plus propre à les corrompre, défoncé les tonneaux d'huile & de vin, & brûlé les grains & les fourages. On n'avoit épargné que les vignes & les arbres, dont la destruction auroit ruiné la Province durant plusieurs années, & dont les fruits déja avancés pouvoient par leur abondance causer des maladies aux

O iiij

ennemis. Le dégat s'étendoit depuis les Alpes jufqu'à Marfeille, & depuis la mer jufqu'au Dauphiné. C'eft à travers toutes ces horreurs que fans être beaucoup inquieté dans fa marche, l'Empereur arriva à Aix qu'il trouva fans habitans.

Montmorenci chargé de l'arrêter avec une armée inférieure par l'expérience, par le nombre & par la confiance, s'étoit déterminé malgré les murmures des peuples, & les railleries des Courtifans à facrifier la Province entiere au falut du refte de l'Etat. Il s'étoit fagement arrêté à trois points fixes dont il ne s'écarta jamais : c'étoit de ne défendre qu'Arles & Marfeille, de tenir fon armée fous Avignon couverte par le Rhône & par la Durance, & de ne hafarder de bataille qu'avec une certitude entiere de fuccès. Ce plan réduifoit les Imperiaux ou à s'en retourner fans avoir rien fait, ce qui

eur paroissoit honteux ; ou à s'arrêter
en attendant des circonstances favorables, ce qui étoit impossible faute de
subsistances ; ou à passer outre , ce qui
les exposoit à être coupés ; ou enfin, à
forcer Marseille pour recevoir des vivres par mer, Arles pour s'ouvrir le
chemin du Languedoc , le camp François pour faire tout ce qu'ils voudroient.
Les entreprises que le Duc d'Albe , &
le Marquis du Guast formerent sur les
deux Villes n'ayant pas réussi , ils ré-
joignirent avec le corps qu'ils com-
mandoient le gros de l'armée à Aix ;
pour examiner avec l'Empereur & Antoine de Leve s'il ne seroit pas possible d'entreprendre quelque chose sur le
camp d'Avignon. L'attaque des retranchemens ayant été jugée impratica-
ble , on se borna à en répandre le bruit
pour essayer d'en faire sortir Montmorenci , & de l'engager à une bataille.

Les vœux des François s'accor-
doient fur ce point avec ceux des Imperiaux. Les Chefs & les foldats également ennuyés de l'inaction où on le
retenoit demandoient avec ardeur le
combat. Ils ne s'accoutumoient pas à
voir des troupes ennemies ravager pai-
fiblement leur pays fans les attaquer.
Eloignés par leur caractere des opérations lentes, & peu accoutumés par
l'ufage du tems à une favante défenfi-
ve, ils méprifoient prefque ouvertement la conduite de leur Général. Sa
circonfpection leur paroiffoit de la pol-
tronerie, & fa conftance à fuivre fon
plan de l'entêtement. Les fages mêmes
qui avoient d'abord applaudi à fa conduite fe laifferent entraîner par le torrent : ils dirent comme la multitude,
que puifqu'on avoit reçu tous les renforts qu'on attendoit, & que la moitié
de l'armée Imperiale avoit péri par les
maladies ou la mauvaife nourriture, il

convenoit de redonner de l'éclat aux armes Françoises par un coup hardi & décisif. Ce concert de voix unanimes étoit imposant, & il éblouit d'abord le Roi. Ce Prince soupçonna que Montmorenci pourroit bien outrer la prudence, & que les accusations qu'on formoit contre lui avoient quelque fondement. Son goût pour tout ce qui avoit l'air grand acheva de le séduire ; & il partit après le Dauphin d'un camp qu'il avoit formé à Valence, pour aller à celui d'Avignon y recevoir le combat des Imperiaux, & peut-être le leur présenter.

Montmorenci qui n'avoit pas été ébranlé dans ses principes par les murmures de l'armée, & par les bravades de l'ennemi, ne le fut pas non plus par l'impatience de François. Il changea seulement de méthode pour les faire prévaloir : après y avoir assujetti par une autorité dure & austere, les fougues

de ſes ſubalternes, il eut recours à une
inſinuation qui ne lui étoit pas ſi naturelle pour le faire goûter de ſon Souverain. Les évenemens paſſés qui étoient
tous pour lui, & qui l'autoriſoient à
être ferme, donnerent du poids à ſes raiſons, & ramenerent le Roi à ſon ſentiment. Ce Prince jugea comme il avoit
déja fait, ce ſiſtême le ſeul qu'on pût
ſuivre ſans inconvénient ; le ſuccès ne
tarda pas à juſtifier & à couronner cette
conduite.

Les Imperiaux quitterent la Provence vers la fin de Septembre, conſumés
par la faim, par les maladies, par la
honte & par le chagrin. Les chemins
depuis Aix juſqu'au-delà des Alpes,
étoient jonchés de chevaux, d'armes,
de bagages, & d'hommes morts ou
mourans. Le Payſan toûjours brave &
entreprenant lorſqu'on fuit devant lui,
rendit aux ennemis le mal qu'il en avoit
reçu. Il en fit périr ſans nombre en leur

dreſſant des embuſcades , en rompant les ponts & les chemins , en les chargeant à l'improviſte, & dans des lieux difficiles, en roulant ſur eux des roches du haut des montagnes. Une armée de cinquante mille combattans ſe trouva réduite à quinze ou vingt mille hommes , la plûpart hors d'état de porter les armes. Le ſalut de ces reſtes infortunés fut même l'effet d'un bonheur ſi ineſpéré, que l'Empereur diſoit depuis en raillant , qu'il s'en ſeroit retourné ſeul ſi Montmorenci n'avoit pas eu la modération de ne le point pourſuivre.

Ce Général ſavoit certainement la guerre , & il aimoit l'Etat. Comment donc put-il ſoupçonner que les Imperiaux étoient en état de lui reſiſter? ou pourquoi négligea-t-il de les accabler dans leur fuite? C'eſt un de ces évenemens que l'hiſtoire raconte, mais qu'elle n'explique pas. Tous les motifs qu'on a prêtés à une conduite ſi déraiſonnable, me paroissent ou trop rafinés, ou trop bas pour un homme qui avoit de la médiocrité dans l'esprit, & de l'élévation dans le cœur. Pour nous, nous serions portés à croire que Montmorenci naturellement circonspect, étoit devenu timide en faisant une guerre défensive, & en restant dans des retranchemens. Son ame qui contractoit aisément des habitudes, avoit reçu des impressions trop profondes pour qu'une position avantageuse les effaçât. Cette conjecture est appuyée sur les discours qu'il tint dans cette occasion. Il répétoit sans cesse qu'il y avoit plus de prudence à laisser échapper le lion qu'à le pousser au désespoir, & qu'il falloit faire un pont d'or à son ennemi lorsqu'il fuyoit.

Quoique ces maximes & la conduite qu'elles justifioient, ne fussent ni dans le caractere ni dans les principes de la Nation, elles n'ébranlerent point la fortune ni la faveur de Montmorenci. François qui avoit d'autres yeux que le public, ne vit que ce que ce Général avoit fait, & non pas ce qu'il auroit pû faire. Dans l'ivresse où étoit ce Prince de l'humiliation que son Rival venoit d'essuyer en Provence, & de celle que le Duc de Guise avoit fait essuyer à ses Généraux devant Peronne, il ne vouloit rien appercevoir de ce qui pouvoit empoisonner sa joie. Il n'étoit occupé que de ce que ses flatteurs lui répetoient continuellement, que ses derniers succès ne l'avoient pas seulement rendu le premier, mais encore le seul Monarque de l'Europe, & qu'aucune Puissance ne seroit désormais capable de lui resister. Cette disposition devoit entraîner nécessairement l'abus de la victoire, & cela arriva d'une maniere qui nous paroît mériter d'être remarquée.

Les Comtés de Flandre & d'Artois

relevoient de tems immémorial de la
France. Charles-Quint en avoit rendu
l'hommage comme fes prédécefleurs,
jufqu'à ce qu'on lui en eut cédé la
fouveraineté à Cambray. Ce Prince
ayant depuis violé ce traité en recom-
mençant la guerre, on prétendit qu'il
étoit déchu de tous les avantages qu'on
lui avoit faits, qu'il étoit redevenu
Vaffal de la Couronne, que cette qualité le rendoit coupable de félonie, &
devoit faire confifquer fes Fiefs. Ce
raifonnement expofé en plein Parlement au Roi, aux Princes du Sang, à
tous les Pairs du Royaume par l'Avocat Cappel dans le mois de Janvier
1537, fit ordonner que l'Empereur
feroit cité fur la frontiere, pour répon-
dre lui-même, ou du moins par fes Dé-
putés. Le tems prefcrit pour comparoî-
tre s'étant écoulé fans que perfonne fe
fût préfenté, la Flandre & l'Artois furent déclarés réunis à la Couronne.

François

François étoit sans doute assez éclairé pour regarder cette procédure comme une vaine formalité : mais cette
conviction, loin de le justifier, comme
le prétendent ses Panégyristes, le rendoit évidemment plus blâmable. Il ne
tiroit qu'une vengeance inutile de
l'Empereur, qui par des calomnies se-
mées adroitement, l'avoit décrié dans
toute l'Europe, & il perdoit la réputation de générosité qu'il avoit eue jusqu'alors, sans qu'il lui en revint aucun
avantage. Cette conduite étoit la preuve que ce Prince ne faisoit la guerre
qu'à Charles, tandis que Charles la
faisoit à la France. Qu'on y prenne
garde, & on trouvera dans cette obser-
vation qui, pour être nouvelle, n'en
est pas moins fondée, la raison des
avantages que la Maison d'Autriche
remporta sur celle de Bourbon dès les
premiers tems de leur concurrence. Le
Chef de la première n'étoit déterminé

à agir que par des intérêts d'Etat; & celui de la seconde n'avoit en vûe ordinairement que des passions particulieres. Il portoit ce motif petit & bas qui entraîne toûjours l'humiliation ou la ruine des Empires, jusques dans les évenemens qui paroissoient partir d'une politique profonde & lumineuse; tels, par exemple, que l'alliance qu'il contracta avec Soliman.

Cette union qui fut universellement blâmée, parce que le nom des Turcs réveilloit alors dans tous les cœurs une haine aveugle, & que les Protestans & les Catholiques se piquoient par jalousie d'une grande ardeur pour les intérêts de la Chrétienté, avoit un côté fort grand & très-brillant. Elle redonnoit à la France dans un seul Allié qui, par sa situation & ses intérêts, ne pouvoit ni concevoir ni causer d'ombrage, plus de force que cette Couronne n'en avoit perdu en sacrifiant mal-à-

propos ſes Alliés. Dès que le traité entre les deux Puiſſances eut été conclu,
le Grand Seigneur entra en Hongrie
à la tête de cent mille hommes, & envoya ſa flotte ſur les côtes de Naples,
pour y agir ſelon les circonſtances.
L'armée de terre ayant remporté une
victoire complette, & celle de mer
quelques avantages aſſez conſidérables,
l'Empereur pour mettre à couvert d'un
côté ſes Places maritimes, & ſes Etats
d'Autriche de l'autre, y fit marcher
précipitamment des troupes qu'il retira
du Piémont où étoit alors le théatre de
la guerre. Si François eut paſſé dans
l'inſtant les Alpes avec une nombreuſe
armée comme il s'y étoit engagé, &
comme il le pouvoit, il auroit aiſément
pénétré dans le Milanès, & s'en feroit
rendu le maître. Les Impériaux battus
de tous côtés ſe feroient peut-être découragés, & la ligue affermie par ce
ſuccès auroit pris de la conſiſtance.

Trop de lenteur releva les espérances des vaincus, & ruina celles des Turcs qui abandonnerent leurs conquêtes. Dès-lors il ne resta à la France de son alliance avec les Infideles que la honte, que l'opinion publique y attachoit. Son Roi, malgré d'assez grands avantages qu'il remporta en Italie où il étoit enfin passé, quitta par légéreté les armes qu'il avoit prises par ressentiment. Il conclut le 19 Juin 1538 à Nice une Treve de dix ans avec l'Empereur.

Cet accommodement qui rassuroit Charles - Quint contre les entreprises de Soliman, & qui l'affermissoit dans le Milanès, devenoit encore plus important par la circonstance d'une fermentation dangereuse qui commençoit déja à agiter les Pays-Bas. Ces Provinces étoient gouvernées par Marguerite d'Autriche, qui avoit obtenu des Etats de Flandre en 1536 un don de douze cens mille florins , pour faire la guerre à la France. Les Gantois fur qui devoit tomber le tiers de l'impofition , prétendirent qu'elle étoit contre leurs priviléges , & refuferent de payer. Quelques Efpagnols que le hafard avoit conduits à la Cour de la Gouvernante, lui firent envifager comme un attentat odieux une démarche que des droits bien établis pouvoient rendre très-permife. Cette Princeffe jaloufe de fon autorité, comme la plûpart des perfonnes de fon fexe, & toutes celles d'un caractere foible, crut fa dignité intéreffée à punir féverement une réfiftance qu'avec un peu d'adreffe , & quelques ménagemens on auroit pû vaincre. Dans l'impoffibilité où elle fe trouvoit de rien entreprendre fur Gand, elle prit le parti de faire arrêter ceux des principaux Habitans de cette Ville qui fe trouverent répandus dans les autres Places des Pays-Bas. Cette ven-

geance qui fuppofoit plus d'aigreur ,
que de force dans le Gouvernement,
fut fuivie d'affez longues négociations
dans lefquelles on fe flattoit d'un côté
de tout obtenir par des careffes , & de
l'autre de fe faire tout céder à force de
fermeté. Lorfque l'impoffibilité de concilier les différentes prétentions eut été
bien établie par une multitude de démarches inutiles ; Marguerite travailla
à divifer les mécontens , & les mécontens à s'unir avec d'autres Villes. L'hiftoire ne dit point fi toutes ces intrigues
étoient mal conduites , ou fi elles furent traverfées par quelqu'un de ces hafards qu'on ne peut ni prévoir ni ex-
pliquer ; mais enfin elles ne réuffirent
point. Les Gantois ne parvinrent pas
à mettre leurs voifins dans leurs intérêts , & on ne vint pas à bout d'en détacher les parens des Prifonniers, quoiqu'on leur fit craindre pour leur vie.
Tous les Habitans prirent les armes en
1539.

La Cour de France se partagea sur la conduite qu'il falloit tenir avec les Rebelles qui ne pouvoient se soutenir que par sa protection, & qui l'imploroient. Le Cardinal de Tournon vouloit qu'on saisît cette occasion d'affoiblir une Puissance ennemie & redoutable. Il pensoit avec toute l'Europe, que les Flamans souhaitoient d'être gouvernés par un Souverain particulier, & il ne doutoit pas que si on leur en offroit un capable de les défendre, tel qu'étoit le Duc d'Orléans, ils ne se joignissent tous aux Gantois pour lui obéir. Cet établissement lui paroissoit préférable à celui du Milanès, qu'on avoit toûjours en vûe : le renouvellement des guerres d'Italie étant à ses yeux le plus grand mal qui pût arriver à la Monarchie : ce sistême, tout sensé qu'il étoit, & peut-être parce qu'il l'étoit, fut vivement combattu par Montmorency. Il justifia sa répugnance par de mauvaises défaites ; mais les gens déliés en chercherent les raisons, & ils les découvrirent : ils comprirent que le Connétable, qui par un bonheur fort rare, étoit à la fois Favori du Roi & du Dauphin, & qui espéroit gouverner le fils comme il gouvernoit le pere, ne contribueroit jamais à établir dans les Pays-Bas le Duc d'Orléans, qui étant naturellement remuant, & jaloux du Prince son frere, pourroit profiter de sa situation pour troubler quelque jour le Royaume. Il lui paroissoit plus avantageux de l'envoyer au-delà des Alpes où il trouveroit des ennemis qui exerceroient sa valeur, & des intrigues pour occuper son inquiétude. François laissoit raisonner ses Ministres sur ce qui convenoit ou ne convenoit pas à son état, & se déterminoit lui-même à ne pas soutenir les Gantois. Il imaginoit que ce trait de générosité le placeroit infiniment au-dessus de son Rival ;

pour augmenter encore fa fupériorité
il lui fit favoir tous les projets, toutes
les vûes, toutes les efpérances des mécontens.

L'Empereur qui connoiffoit la franchife de François I. fut raffuré fur les
foupçons qu'il avoit eus que les Gantois avoient été pouffés à la révolte, &
fur la crainte qu'il avoit qu'ils ne fuffent foutenus : mais cette affûrance ne
le difpenfoit pas du voyage des Pays-
Bas, & il ne favoit par où s'y rendre.
Le trajet par l'Italie, & par l'Allemagne étoit trop long fans être fûr. Les
Proteftans étoient trop aigris pour qu'il
n'y eut pas du danger à paffer fans forces fur leurs terres. La voie de l'O-
céan l'expofoit ou à être pris par des
vaiffeaux Anglois, ou à être jetté par
la tempête fur les côtes d'Angleterre,
deux inconvéniens également à craindre depuis fa rupture avec Henri VIII.
Le chemin le plus aifé & le plus court

étoit de traverser la France. Charles méprisa assez la politique de cette Couronne pour espérer que ce passage lui seroit accordé, & l'évenement prouva qu'il avoit bien jugé. Envain Tournon & ses Partisans voulurent-ils empêcher cette complaisance que la justice n'ordonnoit pas, & que la prudence défendoit, Montmorency séduit par la promesse qu'on faisoit de donner l'investiture du Milanès au Duc d'Orléans, rendit inutile cette résistance. Il soutint même qu'il ne convenoit pas de presser l'Empereur de s'obliger par écrit à cette cession ; & ce sentiment prévalut encore, parce qu'étant romanesque, il parut & devoit paroître généreux au Roi.

Charles n'attendoit que cette résolution pour se mettre en marche. Sa confiance affligea & surprit un Cavalier Espagnol, qui lui dit pour l'arrêter, que si les François ne le retenoient prisonnier , ils seroient les plus soibles, & les plus aveugles des hommes : *Ils sont l'un & l'autre*, répondit l'Empereur, *& c'est sur cela que je me fie*. Il trouva à Bayonne le Dauphin & le Duc d'Orléans qui offrirent de passer en Espagne pour servir d'ôtages ; le Prince rejetta cette offre , parce qu'il trouva plus de sûreté à la refuser qu'à l'accepter, & il arriva à Paris le premier Janvier 1540 , il y fut reçu avec une magnificence qu'on outroit exprès, pour lui faire plus de honte de la médiocrité de son équipage. Cette humiliation qui n'en auroit pas été une pour une plus grande ame , ne l'empêcha pas de s'occuper sérieusement des plus grands objets dans le tumulte des fêtes qui se succédoient sans interruption. Il voulut connoître les loix , les usages du Royaume , & il poussa la curiosité jusqu'à vouloir entendre plaider au Parlement. Le jour qu'il s'y rendit on devoit décider à qui la Sénéchauffée de Beaucaire appartenoit de Guillaume Signet, ou d'un Gentilhomme dont l'hiftoire n'a pas confervé le nom. S'appercevant qu'il n'y avoit contre Signet que le malheur de n'avoir pas une qualité qu'on foutenoit effentielle, il lui donna une épée, lui fit chauffer des éperons, & dit à fa Partie : *La raifon que vous alléguiez ne fubfifte plus, Signet eft Chevalier.* Cet acte d'autorité étoit une imprudence qui bleffa les Juges, fit murmurer les peuples; & auroit pû fervir de prétexte pour prendre une réfolution violente & intéreffée.

L'Empereur qui fentoit tout le danger de fa fituation, ne négligeoit rien pour s'affûrer du Roi. Il le flattoit fur fes goûts, fur fa valeur, fur fa générofité. Cette conduite lui procuroit deux avantages très-précieux ; celui de fa fûreté, & celui de favoir le fecret de l'Etat. François féduit par les louan-

ges exceſſives & artificieuſes de ce Prince, ne lui cacha rien, ni de ce qu'il
avoit fait, ni de ce qu'il ſe propoſoit
de faire. Il lui conta en détail les par-
ticularités des négociations qu'il avoit
commencées avec l'Angleterre, & il
pouſſa la légéreté juſqu'à revéler des
fautes cachées & honteuſes dont Henri VIII. avoit juſques-là dérobé la con-
noiſſance à tout le monde, & qu'il
avoit ſeulement confiées à ſa diſcrétion.
Charles ſe ſervit dans la ſuite ſi à propos de ces confidences qu'il engagea
le Monarque Anglois, offenſé dans ſon
amour propre, à déclarer la guerre à la
France.

Il reſtoit à cette Monarchie un autre Allié que le ſéjour de Paris mit
l'Empereur à portée de lui enlever. Ce
Prince écrivît à pluſieurs Ambaſſa-
deurs à Conſtantinople, qu'il étoit dans
la Capitale de ſon ancien ennemi où
ils goûtoient des plaiſirs communs, que

tous les sujets de division entre eux étoient terminés, & qu'il n'étoit plus question de guerre, que par les arrangemens qu'ils prenoient ensemble pour la faire aux Infideles. Soliman à qui on fit parvenir le contenu de ces artificieuses lettres, ne fut jamais si pleinement désabusé, qu'il ne lui restât des soupçons, beaucoup de froideur & une indifférence entiere pour les intérêts d'une Couronne qui avoit été jusqu'alors toûjours amie de la sienne.

Tandis que Charles profitoit si heureusement d'une témérité que les circonstances l'avoient forcé de hasarder, on travailloit à lui ravir le fruit de ses anciennes usurpations, & de ses nouveaux projets. Il s'étoit formé à la Cour de France un parti puissant dont le but étoit de le faire arrêter. La proposition en fut faite au Roi d'une maniere adroite & détournée. Ce Prince avoit un Bouffon qui écrivoit sur ses tablettes, qu'il appelloit le Calendrier des fous, le nom de tous ceux qui ne lui paroiſſoient pas ſages, & qui y avoit mis celui de l'Empereur, aſſez hardi pour traverſer un Royaume dont il avoit autrefois traité le Souverain avec tant d'inhumanité. *Mais,* lui dit François I. *ſi je le laiſſe paſſer ſans lui rien faire, que penſeras-tu ? Sire,* reprit Triboulet, *j'effacerai ſon nom, & je mettrai le vôtre.* Cette plaiſanterie n'ayant pas produit l'effet que s'en étoient promis ceux qui l'avoient imaginée, la Ducheſſe d'Etampes, & le Cardinal de Tournon, s'unirent ouvertement pour engager François à ſaiſir l'occaſion que lui préſentoit la fortune, de réparer le dommage que lui avoit cauſé le Traité fait durant ſa priſon. Outre l'intérêt de l'Etat qu'ils pouvoient avoir en vûe, ils étoient encore animés par un intérêt particulier : la Maîtreſſe étoit jalouſe de la faveur,

& le Miniſtre du crédit de Montmorency, qui appuyoit de toutes ſes forces le ſentiment différent du leur.

Tant d'intrigues ne produiſirent rien, le Roi affermi par les contradictions dans la parole qu'il avoit donnée, ne mit pas peut-être en délibération ſi la probité & l'honneur lui permettoient de la violer. Nous ſoupçonnerions même que pour raſſurer l'Empereur ſur les mouvemens qui ſe faiſoient à la Cour, il prit le parti de lui en parler en badinant. *Voyez-vous*, lui dit-il, *mon frere*, en lui montrant la Ducheſſe d'E-tampes, *cette belle Dame ; elle eſt d'a-vis que je ne vous laiſſe point ſortir de Paris, que vous n'ayez révoqué le Trai-té de Madrid.*

Soit que Charles-Quint n'entrât pas d'abord dans les vûes de François I. ſoit comme il nous paroît plus naturel de le penſer qu'il craignît que l'amour ne l'emportât tôt ou tard ſur la vertu, il ne ne fut pas tranquille sur ce qu'il venoit d'entendre. Il crut qu'il ne pouvoit s'assurer du Roi que par Madame d'Etampes, & il s'y prit pour la gagner d'une maniere tout-à-fait galante. Un jour qu'il lavoit les mains pour se mettre à table, il laissa tomber exprès un anneau enrichi d'un diamant de très-grand prix. La Duchesse qui présentoit la serviette, le releva & voulut le rendre : *Non, Madame*, lui dit-il, *il est en trop belle main pour le reprendre : je vous prie de le garder pour l'amour de moi.* Madame d'Etampes qui avoit de la délicatesse dans l'esprit, fut charmée de l'adresse de l'Empereur qui lui faisoit un present magnifique dans la seule conjoncture où le Roi pouvoit agréer qu'elle l'acceptât. La reconnoissance ne la porta pas à le servir, mais elle cessa de le traverser : par cette conduite, elle assûroit sans se charger de rien, la liberté de Charles , & se confervoit le moyen de perdre Montmorency, en cas comme elle perſiſtoit à le croire, que l'Empereur ne rempliſſ pas lorſqu'il ſeroit ſorti de France, les engagemens qu'il avoit pris avant d'y entrer. L'événement juſtifia bien-tôt toutes ces conjectures. Charles prit tranquillement la route des Pays-Bas. Il nia dès qu'il fut libre qu'il eut rien promis, & la chûte du Connétable ſuivit une infidélité dont il étoit cauſe. La diſgrace de ce Favori tout puiſſant fut-elle un bonheur ou un malheur pour la France ? Le Lecteur en pourra juger.

Montmorency un des hommes les plus célebres de ſon ſiecle, avoit les mœurs auſteres ; mais de cette auſtérité qui naît plutôt d'un eſprit chagrin que d'un cœur vertueux. Plus ambitieux de dominer que jaloux de plaire, il ne redoutoit pas d'être haï pourvû qu'il fut craint : ſa fierté & de faux principes qu'il s'étoit faits, lui faisoient regarder comme des baffeffes des ménagemens raifonnables qui lui auroient concilié l'eftime & l'amour des peuples. L'ordre qu'il établiffoit par-tout où il avoit de l'autorité, n'étoit pas précifément de l'ordre, c'étoit de la gêne : on y déméloit une certaine pédenterie qui n'eft guere moins commune à la Cour & à l'armée qu'ailleurs, quoiqu'elle y foit infiniment plus ridicule. Il n'eftimoit & n'avançoit les hommes qu'à raifon du plus ou du moins de reffemblance qu'ils avoient avec lui ; & il confondoit les Citoyens fans talens, avec les Citoyens qui en avoient d'autres que les fiens, ou qui les avoient autrement que lui. Naturellement defpotique, il puniffoit le crime fans obferver les formalités que prefcrit fagement la loi, & il fe croyoit difpenfé de récompenfer les actions utiles à la Patrie, fous prétexte qu'elles étoient d'obligation. Le surnom *de Caton de la Cour* qu'on lui donna, étoit plutôt la censure de ses manieres que l'éloge de son cœur : il l'avoit si aigre que la religion même n'avoit pû l'adoucir, & qu'il étoit passé en proverbe de dire. *Dieu nous garde des patenôtres du Connétable.* Il eut toute sa vie de fausses idées sur la grandeur ; il la faisoit consister à gêner ceux qui l'approchoient, à faire éclater ses ressentimens, à éviter les amusemens publics, à tenir des discours fiers & insultans, à outrer les dépenses qui étoient purement de faste. La nature lui avoit refusé la connoissance des hommes, & à plus forte raison le talent de les former. Il ne voyoit pour les gouverner que la crainte, maniere basse qui avilit les ames les plus élevées, & qui pour un crime qu'elle empêche, étouffe le germe de mille vertus. A juger de Montmorenci par les places qu'il occupa, les affaires dont il fut chargé, l'autorité qu'il eut, on croiroit qu'il fut très-intriguant ou très-habile ; cependant il étoit sans manége, & sa capacité étoit médiocre. Le hasard & sa naissance contribuerent beaucoup à son élevation. Comme tous les Ministres accrédités, il voulut se mêler des finances, & par une erreur malheurensement trop commune, il crut qu'il suffisoit d'avoir un caractere dur pour les biens administrer. On ne le soupçonna jamais de rien détourner des deniers publics ; mais il abusoit de la facilité de ses Maîtres pour se faire donner : sorte de malversation moins criminelle peut-être que la premiere ; mais qui n'est gueres moins odieuse. Toutes les négociations dont il fut chargé réussirent mal : il y portoit de la hauteur, de l'entêtement, de l'aigreur, des idées étroites, un goût trop marqué pour le cérémonial. Son talent pour la guerre se bornoit presque à une prudence lente, qui eft le plus fouvent la marque d'un efprit froid, timide, & ftérile : il réuffit quelquefois à fe défendre, mais il ne fût jamais ni attaquer ni vaincre. Ce qui diftingua le plus fa vie des vies ordinaires, c'eft la maniere dont il foutint les difgraces qu'il effuya ; fa fermeté auroit frappé davantage, fi l'oftentation dont elle étoit accompagnée n'eût annoncé plus d'orgueil que de vertu.

On eut occafion de le pénetrer dans fon exil de Chantilli. Il y fut vifité par ces Courtifans déliés qui fe font un mérite de leur démarche auprès de celui qui en eft l'objet, & auprès de celui à qui ils en rendent compte. Leur fagacité leur fit découvrir que Montmorency qui avoit encore plus de vanité que d'ambition, étoit moins affligé d'être éloigné des affaires que de voir fuivre un autre plan de gouvernement que celui qu'il avoit formé. Il paroissoit inconsolable que ses vûes pacifiques fussent regardées par le Cardinal de Tournon son successeur, comme contraires à la dignité de la France, & que le Royaume entier applaudit aux projets de guerre du nouveau Ministre. Le spectacle de cette douleur occupa durant quelques jours ; on ne pensa ensuite qu'aux moyens de tirer une vengeance sûre & éclatante de l'Empereur.

Ce Prince avoit acquis quelques amis par son adresse, & la France lui en avoit beaucoup donné par son imprudence. Ces Alliés le rendoient si redoutable qu'il n'eut pas été sage de l'attaquer sans s'être assûré de puissans secours. La situation de l'Europe ne permettant de les espérer que des Turcs ou des Venitiens, Rincon fut envoyé à Constantinople, & Fregose à Venise pour les demander. Ces deux habiles Négociateurs s'embarquerent sur le Pô,

& y furent maffacrés par l'ordre de du Guaft qui gouvernoit le Milanès depuis qu'Antoine de Leve avoit péri dans la derniere expédition de Provence, & qui craignît que cette Ambaffade n'eût des fuites fâcheufes pour les affaires de fon Maître. Cet évenement hâta les préparatifs de guerre que faifoit la France, & en fournît une raifon fort jufte. Elle fut déclarée à l'Empereur dans le mois de Mai 1542.

Il eut été poffible, facile même d'ouvrir avec fuccès la campagne en Italie, où le brave & fage Langei qui commandoit dans le Piémont, avoit formé des intelligences dans plufieurs Villes. Le fouvenir des malheurs paffés, & le défaut d'argent firent préférer les Pyrenées & les Pays-Bas. Le Duc d'Orléans entra dans le Luxembourg & y fit des progrès rapides. Il renonça par un motif lâche & honteux aux conquêtes qu'il avoit faites, & à celles que

fa supériorité lui promettoit. Une jaloufie mêlée de haine qu'il nourriffoit
dans fon cœur contre le Dauphin, lui
fit craindre que ce Prince ne vainquît
les Efpagnols en bataille rangée devant Perpignan. Pour lui ravir la gloire de cette action ou la partarger au
moins, il prit la route du Rouffillon
avec fes meilleures troupes. Cette imprudente & criminelle démarche fit
perdre tout ce qu'on avoit gagné d'un
côté, & ne fervit de rien de l'autre.
Les Flamans rentrerent dans toutes les
Places du Luxembourg, & Perpignan
fit une réfiftance fi vive & fi opiniâtre
qu'il fallut en lever le fiége.

Ces malheurs ne découragerent pas
les François ; mais la connoiffance des
fautes qui les avoient caufés ne les rendit pas plus fages. Supérieurs dans les
Pays-Bas, au commencement de la
campagne fuivante, ils s'amuferent à
prendre quelques Places peu importan-

tes, au lieu de profiter de leur afcendant pour accabler l'Efpagnol encore
foible. S'ils avoient pris ce dernier
parti, & qu'ils euffent joint enfuite le
Duc de Cleves leur Allié, ils reftoient
les maîtres de leurs opérations, & toutes les conquêtes qu'ils voudroient ten-
ter, devenoient faciles. Pour avoir rai-
fonné autrement, ils laifferent à l'Empereur le tems de recevoir des fecours
confidérables d'Angleterre & d'Allemagne, l'avantage de forcer le Duc
de Cleves, fecouru trop tard, de fe
joindre à lui, & la poffibilité de former
le fiége de Landreci qui couvroit une
partie du Royaume. Il eft vrai que
cette derniere entreprife échoua par la
valeur de la garnifon & l'approche de
l'armée Françoife, commandée par le
Roi lui-même : mais Charles dont les
vûes étendues, embraffoient plufieurs
objets, fe confola de ce malheur en
déterminant Cambray, qui étoit une

Ville libre à se soumettre à lui, par la crainte qu'il sût lui inspirer de l'ambition, & du joug des François.

Cette Nation quoique vive & entreprenante, n'avoit jamais formé le dessein dont on l'accusoit ; mais elle se conduisoit sur des principes si vagues depuis quelque-tems, que toutes les calomnies qu'on répandoit contre elle, étoient reçûes avec une avidité extrème. Les Turcs même si prévenus en sa faveur, avoient été séduits par les bruits publics, & ce n'étoit pas sans quelque répugnance & beaucoup de soin qu'ils avoient été ramenés à son alliance. Le Capitaine Polin si fameux depuis sous le nom de Baron de la Garde, leur avoit ouvert les yeux, & ils étoient revenus de si bonne foi qu'ils avoient envoyé toutes leurs forces maritimes en Provence pour y exécuter les ordres qu'elles recevroient. Le siége de Nice parut dans les circonstances où on se trouvoit, ce qu'on pouvoit faire de plus aifé & de plus utile, & les flottes combinées de Turquie & de France, le formerent le 10 Août 1543. La Ville fe rendit après une refiftance opiniâtre; mais le Château fe défendit fi bien qu'il donna le tems à André Doria, & au Duc de Savoye d'affembler les fecours qu'ils devoient mener l'un par mer, & l'autre par terre. Ces forces étoient fi confidérables, que les Affiégeans fe trouvant hors d'état de leur refifter, abandonnerent leur entreprife, & fe retirerent à Toulon. Barberouffe en partit au printems fuivant pour Conftantinople, & le Comte d'Anguien pour le Piémont où il prit le commandement des troupes.

Depuis plufieurs années ce petit Etat fe voyoit foulé par les Efpagnols & les François qui en occupoient les Places les plus importantes. Quoique les uns y fuffent fous le nom d'amis, & les

autres comme ennemis, ils étoient presque également craints & hais des peuples. Les premiers commençoient pourtant à y être plus respectés , parce que
le Marquis du Guast leur Général avoit
plus d'autorité , de réputation , de capacité que les Généraux qu'on lui opposoit. L'arrivée seule de M. d'Anguien changea les idées des Piémon-
tois , diminua la présomption des Espagnols , & enfla le courage des François. Ce jeune Prince qui avoit un talent brillant & une certaine audace qui
vaut quelquefois mieux que l'expérience , auroit bien voulu profiter de cette
premiere impression , & ouvrir la campagne par une action d'éclat ; mais la
Cour intimidée par le souvenir des anciennes disgraces , & le peu de succès
des dernieres campagnes craignoit les
évenemens décisifs. Ce ne fut qu'après
avoir long-tems résisté qu'elle consen-
tit à une bataille.

Cette réfolution étoit certainement imprudente. Tout l'avantage que la victoire pouvoit procurer à la France, se réduisoit à quelques conquêtes éloignées & peu importantes ; au lieu qu'une défaite faifoit perdre néceffairement le Piémont, ouvroit aux Efpagnols le chemin de Lyon, rendoit poffible leur jonction avec l'armée de Catalogne, expofoit plufieurs Provinces d'au-delà de la Loire à être envahies, affûroit prefque le fuccès des vûes que l'Empereur & le Roi d'Angleterre avoient fur la Picardie & fur la Champagne. Nous ignorons fi la Cour fit toutes ces reflexions ; mais il eft fûr que l'armée ne les fit pas, & qu'elle n'eut pas plutôt obtenu la permiffion de combattre qu'elle fe difpofa à en profiter avec une gayeté qui a peu d'exemples dans l'hiftoire. Un hafard affez fingulier avança cet inftant fi defiré.

Les François avoient formé le blo-

cus de Carignan pour éloigner les Imperiaux de Turin, & pour rétablir la
communication entre les forteresses
qu'ils avoient des deux côtés du Pô.
Le Gouverneur de la Place par une
politique qu'on peut louer & blâmer,
fit dire au Marquis du Guaft qu'il n'a-
voit que pour quinze jours de vivres,
quoiqu'il en eut pour plus long-tems.
Ce faux avis qui pourroit paroître une
fuite de foiblesse, ou un commencement de trahifon, n'étoit donné que
pour tirer le Général de fon indolen-
ce, & lui infpirer une réfolution convenable aux circonftances. On devoit
raifonnablement penfer qu'il ne forti-
roit pas tout-à-fait de fon caractere, &
que le fecours ne feroit jamais exactement prêt pour le tems pour lequel il
auroit été demandé. L'évenement fit
voir que les hommes les plus froids &
les plus lents peuvent être vivement
remués par un grand intérêt, ou une for-

te paſſion. Du Guaſt raſſembla promp-
tement ſes forces, & ce qui n'eſt pas ſi
digne d'éloge, il s'approcha de Carignan avec une eſpece de précipitation,
incertain s'il attaqueroit les François,
ou s'il ſe borneroit à jetter du ſecours
dans la Ville. Anguien le ſurprit dans
cette indéciſion, lui préſenta la bataille à Ceriſoles, & le battit quoique de
beaucoup inférieur en troupes. Boutie-
res, Termes, Montluc & Thais contribuerent beaucoup au ſuccès de cette
journée; le premier commandoit la
Gendarmerie, le ſecond les Chevaux-
légers; le troiſieme les Enfans perdus,
& le denier l'Infanterie.

Le fruit de la victoire fut la priſe de
Carignan, & la conquête du Montferrat. Les Imperiaux étoient ſi affoiblis, leur Général ſi déconcerté, les
peuples ſi découragés & ſi mécontens,
que le Milanès n'auroit pas reſiſté, ſi
on l'eût attaqué un peu vivement. Anguien

guien qui voyoit bien par lui-même,
& qui étoit éclairé par des gens qui
voyoient encore mieux que lui inſtrui-
ſît la Cour de la ſituation des affaires.
Quoiqu'on y eut à cœur, & peut-être
plus qu'il ne convenoit les affaires d'I-
talie, on ſe trouva dans l'impoſſibilité
d'y envoyer du ſecours; on ſe vit réduit même à en rappeller douze mille
hommes pour réſiſter s'il ſe pouvoit à
l'Empereur & au Roi d'Angleterre.

Ces deux puiſſans Princes dont les
armées réunies auroient formé un corps
de plus de cent mille hommes, étoient
convenus d'entrer en France, l'un par
la Picardie, & l'autre par la Champagne, de ne point s'amuſer à faire des
ſiéges, de marcher droit à Paris par
deux chemins différens, de joindre leurs
forces aux environs de cette grande
Ville, & de réduire François I. à recevoir le combat avec une certitude
morale d'être battu, ou à paſſer la

Loire, en abandonnant la meilleure partie de son Royaume. Ce projet loin d'être chimérique n'étoit presque pas hardi ; peut-être même l'exécution en étoit-elle trop facile, & qu'il n'échoüa que parce qu'il ne fut pas assez traversé. Cette conjecture est appuyée sur des faits qui paroissent des démonstrations.

L'Empereur en entrant en France, y trouva les Places en si mauvais état & si mal défendues, qu'il crut pouvoir s'emparer de celles qui étoient sur sa route, sans beaucoup retarder sa marche, & sans nuire au premier objet de son expédition. Il fut affermi dans ses idées par tous les siéges que lui ou ses Généraux formerent jusqu'à celui de S. Dizier qui l'arrêta environ sept semaines. Le Roi d'Angleterre convaincu que son Allié vouloit le laisser marcher seul vers Paris, pour qu'il y occupât l'ennemi commun pendant qu'il s'empareroit de la Champagne, attaqua de son côté Montreuil & Boulogne. Dès-lors les deux Monarques ne penserent plus à la cause commune, & ne s'occuperent que de leurs intérêts particuliers. Ils s'accuserent mutuellement d'avoir manqué à leurs engagemens, & cette accusation fit naître entre eux la défiance, & puis la haine. Leur division rendit le courage aux François qui réunirent sagement leurs forces sous le Dauphin, pour couper les subsistances & la retraite aux Impériaux. Il y a apparence que cette armée si redoutable auroit péri entierement sans une intrigue de Cour dont il faut développer lès causes & les effets.

Le Roi de France avoit deux Fils, le Dauphin & le Duc d'Orléans. Le premier avoit les mœurs douces, l'esprit facile, des manieres insinuantes; le second, étoit d'un caractere dur, opiniâtre & emporté. L'un n'aimoit & ne se permettoit que ce qui étoit honnête, utile & raisonnable ; l'autre se plaisoit à fouler les préjugés, les loix, les bienséances. Celui-là étoit sérieux, discret & bienfaisant ; celui-ci ne goûtoit que les plaisirs tumultueux, l'intrigue & le pouvoir de nuire. Le Dauphin paroissoit né pour gouverner agréablement une Monarchie paisible. Le Duc d'Orléans avoit tout ce qu'il falloit pour la troubler, y allumer des guerres civiles, & y causer peut - être des révolutions.

Des inclinations si opposées avoient formé entre les deux freres une antipathie insurmontable. Deux femmes fieres, ambitieuses & vindicatives, profiterent de cette aversion pour se mettre chacune à la tête d'un parti. Celui du Dauphin avoit pour chef Diane de Poitiers sa maîtresse. Les Courtisans qui se croyoient négligés ou qui s'occupoient le plus de l'avenir, s'y rangeoient en foule. La Duchesse d'Etam-

pes s'étoit mife à la tête de la faction
du Duc d'Orléans, & y avoit princi-
palement attiré les Miniftres & les Favoris ; elle vouloit s'affûrer par-là de
l'appui de ce Prince que la mort du Roi
lui rendroit quelque jour néceffaire.
Tous ces différens intérêts avoient rempli la Cour d'aigreur & de cabales. Le
choc de tant de paffions violentes n'a-
voit pas pourtant produit de grands
évenemens jufqu'au tems où l'Empereur entra dans la Champagne. Ce
Prince s'y trouva dans une fituation
qui donna lieu à des négociations fort
fingulieres.

La Ducheffe d'Etampes penfoit à
s'affûrer d'une retraite hors du Royaume pour le tems auquel les circonftances placeroient fa Rivale à la tête des
affaires. Le feul moyen d'y réuffir étoit
de déterminer Charles-Quint à donner
fa fille ou fa niéce en mariage au Duc
d'Orléans, avec les Pays-Bas ou le

Milanès. On ne pouvoit guéres se flatter d'arracher ce sacrifice, lorsque le
péril de l'armée Impériale en fit hasarder la proposition : elle fut acceptée,
parce qu'on l'accompagna de la promesse de rendre les Espagnols maîtres
des magasins que les François avoient
formés pour leur subsistance. L'intrigue fut en effet si bien conduite qu'on
ne soupçonna rien, & que l'Empereur
se vit sans avoir couru de risque en possession d'Epernay & de Château-Thier-
ry où étoient toutes les munitions de
guerre & de bouche. Cet avantage &
celui qu'il avoit d'être instruit à propos de toutes les résolutions qu'on prenoit contre lui, l'enhardirent à s'approcher assez près de Paris, pour y porter une consternation qui approchoit
du désespoir. Il ne jouit pas long-tems
du plaisir si cher aux Conquérans de se
faire craindre. Les vivres commencerent de nouveau à lui manquer par la

fage attention qu'on eut de tout dévaf-
ter, & fa retraite devint prefque impof-
fible par les favantes manœuvres de
l'armée Françoife. Il étoit peut - être
à la veille de périr ou de fe rendre prifonnier, fi la même main qui l'avoit
fauvé ne l'eût fauvé encore. Madame
d'Etampes appuyée par la Reine, &
par le Duc d'Orléans, perfuada au Roi
de faire la paix. Le Dauphin & fes
Partifans s'y oppoferent inutilement.
Elle fut fignée à Crefpi le 18 Septembre 1544.

Par ce Traité la France rendoit en
Savoye, en Piémont ou dans le Mont-
Ferrat plus de trente Places fortifiées,
& renonçoit à fes prétentions fur Naples & fur Milan. L'Empereur éva-
cuoit de fon côté quelques Villes peu
importantes dont il s'étoit emparé en
Champagne, & qu'il ne pouvoit conferver. Il s'obligeoit de plus à céder
l'Etat de Milan ou les Pays-Bas au

Duc d'Orléans, en lui faisant époufer fa fille ou fa niéce. La mort violente, felon quelques Hiftoriens, & naturelle, felon d'autres, de ce jeune Prince, procura à Charles l'avantage de pouvoir manquer avec bienféance à un engagement qu'il n'avoit pas contracté pour le tenir. Cet incident faifoit rentrer la France dans tous les droits qu'elle avoit facrifiés ; mais la guerre qu'elle continuoit d'avoir avec l'Angleterre, ne lui permettoit pas de les faire valoir alors. Cette entreprife étoit réfervée au regne fuivant ; & le Dauphin la préparoit par les proteftations qu'il fit contre le Traité qui venoit de fe conclure.

Fin du Tome premier.

TABLE
DES MATIERES CONTENUES
dans ce premier Volume.

A

C

Tome I.   S

S iij

S iiij

T ij

O

P

R

S

Tome I. V

U

V

W.

X

Y

Fin de la Table du premier Volume.

Reliure serrée